D1831453

मैथिलीशरण गुप्त

पचास कविताएँ

नयी सदी के लिए चयन

सम्पादक

अयोध्या प्रसाद गुप्त 'कुमुद'

वाणी प्रकाशन

पहला संस्करण : 2012
दूसरा संस्करण : 2023

वाणी प्रकाशन
4695, 21-ए, दरियागंज, नयी दिल्ली 110 002
फ़ोन : +91 11 23273167 फ़ैक्स : +91 11 23275710
शाखाएँ
अशोक राजपथ, पटना 800 004, बिहार
कॉफ़ी हाउस कैम्पस, महात्मा गांधी मार्ग, इलाहाबाद 211 001, उत्तर प्रदेश
महात्मा गांधी अन्तरराष्ट्रीय हिन्दी विश्वविद्यालय, वर्धा 442 001, महाराष्ट्र
36/ए, शेक्सपीयर सरणी, रानी बिरला गर्ल्स कॉलेज के पास, कोलकाता 700 017, प. बंगाल
www.vaniprakashan.com
marketing@vaniprakashan.in
sales@vaniprakashan.in

Pachas Kavitayen
Nai Sadi Ke Liye Chayan
by Maithilisharan Gupt
Edited by Ayodhya Prasad Gupt 'Kumud'

ISBN : 978-93-5072-303-6
Poetry Collection

© मूल प्रकाशक : साहित्य-सदन, 184, तलैया (उ.प्र.) 284002 के लिए
आशीष गुप्त व प्रमोद कुमार गुप्त

© वाणी प्रकाशन : पचास कविताएँ : नयी सदी के लिए चयन

मूल्य : ₹ 95

इस पुस्तक के किसी भी अंश को किसी भी माध्यम में प्रयोग
करने के लिए प्रकाशक से लिखित अनुमति लेना अनिवार्य है।

आर. टेक ऑफ़सेट प्रिंटर्स, दिल्ली-110 032 में मुद्रित

वाणी प्रकाशन का लोगो मक़बूल फ़िदा हुसेन की कूची से

क्रम

मंगल-घट

मेरी मिट्टी मैं बलि जाऊँ
तुझे पात्र में परिणत पाऊँ।

खुले खेत से लाकर छानूँ,
जल दूँ, सार मिलाकर सानूँ
सानूँ स्वेद में किन्तु न मानूँ,
जब लौं लोच न लाऊँ।
मेरी मिट्‌टी मैं बलि लाऊँ।।

तू ही मेरी चाँदी-सोना,
आघातों से खिन्न न होना,
रूप बनेगा सुन्दर सलोना,
पहले पिण्ड बनाऊँ।
मेरी मिट्‌टी मैं बलि जाऊँ।।

चले पिता का चक्र नियम से,
बैठ शिला पर तू शम-दम से
उठ एक आकृति क्रम-क्रम से,
भली भाँति मैं भाऊँ।
मेरी मिट्‌टी मैं बलि जाऊँ।।

फिर भी तुमको तपना होगा,
क्लेशों से न कलपना होगा,
यों मंगल-घट अपना होगा
भर घर-घर धर आऊँ।
मेरी मिट्टी मैं बलि जाऊँ।।

विजय-भेरी

जीवन-रण में फिर बजे विजय की भेरी।
भारत, फिर भी हो सफल साधना तेरी ॥
आत्मा का अक्षय भाव जगाया तू ने,
इस भाँति मृत्यु-भय मार भगाया तू ने।
है पुनर्जन्म का पता लगाया तू ने,
किस ज्ञेय तत्त्व का गीत न गाया तू ने।
चिरकाल चित्त से रही चेतना चेरी।
भारत, फिर भी हो सफल साधना तेरी ॥
तू ने अनेक में एक भाव उपजाया,
सीमा में रहकर भी अ-सीम को पाया।
उस परा प्रकृति से पुरुष-मिलाप कराया,
पाकर यों परमानन्द मनाई माया।
पाती है तुझ में प्रकृति पूर्णता मेरी।
भारत, फिर भी हो सफल साधना तेरी ॥
शक, हूण, यवन इत्यादि कहाँ हैं अब वे,
आये जो तुझ में कौन कहे, कब कब वे।
तू मिला न उनमें, मिले तुझी में सब वे,
रख सके तुझे, दे गये आप को जब वे।
अपनाया सब को, पीठ न तू ने फेरी।
भारत, फिर भी हो सफल साधना तेरी ॥

हे देश, धर्म्म के लिए धर्म्म है तेरा;
फल ईश्वर का है और कर्म्म है तेरा।
चारित्र्य चर्म्म, विश्वास वर्म्म है तेरा,
इस जीवन में ही मुक्ति मर्म्म है तेरा।
तेरी आभा से मिटी अपार अँधेरी।
भारत, फिर भी हो सफल साधना तेरी॥
गिरि, मन्दिर, उपवन, विपिन, तपोवन तुझ में;
द्रुम, गुल्म, लता, फल, फूल, धान्य, धन तुझ में।
निर्झर, नद, नदियाँ, सिन्धु, सुशोभन तुझ में;
स्वर्णातप, सित चन्द्रिका, श्याम घन तुझ में।
तेरी धरती में धातु-रत्न की ढेरी।
भारत, फिर भी हो सफल साधना तेरी॥

एक सूर्य है एक सोम है

भिन्न भिन्न यदि देश हमारे तो किसका संसार
कहो तुम्हारी जन्मभूमि का इतना ही विस्तार?
धरती को हम काटें छाँटें
तो उस अम्बर को भी बाँटें
एक अनल है एक सलिल है एक अनिल-संचार
एक भूमि है एक व्योम है
एक सूर्य है एक सोम है
एक प्रकृति है एक पुरुष है अगणित रूपाकार
ठौर ठौर का गुण अपना है
ऋतुओं का कँपना-तपना है
समशीतोष्ण एकरस हमको होना है अविकार
अलग अलग हैं सभी अधूरे
सब मिलकर ही तो हम पूरे
एक दूसरे का पूरक है एक मनुज परिवार
सोदर भी बैरी बनते हैं
जब वे इधर उधर तनते हैं
सुनो, 'मागृधःकस्यस्विद्धनम्' हो तुम उच्च उदार
स्वर्ण भूमि यदि अलग तुम्हारी
तो हम भी लौहायुध-धारी
कैसे हो सकता है फिर इस विग्रह का परिहार

परित्राण का एक मन्त्र है–
विश्वराज्य जो लोकतन्त्र है
सब वर्णों का सब धर्मों का जहाँ एक अधिकार
एक देह के विविध अंग हम
दुखें पुखें सब एक संग हम
लगे एक के क्षत पर सबका स्नेह लेप सौ बार
कहो तुम्हारी जन्मभूमि का है कितना विस्तार?

समता का संवाद

भारतमाता का मन्दिर यह, समता का संवाद जहाँ
सबका शिव-कल्याण यहाँ है, पावें सभी प्रसाद यहाँ।

जाति, धर्म, या सम्प्रदाय का नहीं भेद व्यवधान यहाँ,
सबका स्वागत, सबका आदर, सबका सम सम्मान यहाँ।
राम-रहीम, बुद्ध-ईसा का सुलभ एक-सा ध्यान यहाँ,
भिन्न-भिन्न भव-संस्कृतियों के गुण-गौरव का ज्ञान यहाँ।
नहीं चाहिए बुद्धि वैर की, भला प्रेम उन्माद यहाँ
सबका शिव-कल्याण यहाँ है, पावें सभी प्रसाद यहाँ।

सब तीर्थों का एक तीर्थ यह, हृदय पवित्र बना लें हम,
आओ, यहाँ अजातशत्रु बन, सबको मित्र बना लें हम।
रेखाएँ प्रस्तुत हैं, अपने मन के चित्र बना लें हम,
सौ-सौ आदर्शों को लेकर एक चरित्र बना लें हम
कोटि कोटि कण्ठों से मिलकर उठे एक जयनाद यहाँ
सबका शिव कल्याण यहाँ है, पावें सभी प्रसाद यहाँ।

मिला सत्य का हमें पुजारी, सफल काम उस न्यायी का
मुक्ति-लाभ कर्त्तव्य यहाँ है एक-एक अनुयायी का
बैठो माता के आँगन में, नाता भाई-भाई का

एक साथ मिल बैठ बाँट लो, अपना हर्ष विषाद यहाँ
सबका शिव-कल्याण यहाँ है, पावें सभी प्रसाद यहाँ!

सन्देश

"निज हेतु बरसता नहीं व्योम से पानी,
हम हों समष्टि के लिए व्यष्टि-बलिदानी।"

"तुम इसी भाव से भरे यहाँ आये हो?
यह घनश्याम-तनु धरे हरे, छाये हो।
तो बरसो, सरसै, रहे न भूमि जली-सी,
मैं पाप-पुंज पर टूट पड़ूँ—बिजली-सी।"
"हाँ, इसी भाव से भरा यहाँ आया मैं,
कुछ देने ही के लिए प्रिये, लाया मैं।
निज रक्षा का अधिकार रहे जन जन को,
सबकी सुविधा का भार किन्तु शासन को।
मैं आर्यों का आदर्श बताने आया,
जन-सम्मुख धन को तुच्छ जताने आया।
सुख-शान्ति-हेतु मैं क्रान्ति मचाने आया,
विश्वासी का विश्वास बचाने आया।
मैं आया उनके हेतु कि जो तापित हैं,
जो विवश, विकल, बल-हीन, दीन, शापित हैं।
हो जायँ अभय वे जिन्हें कि भय भासित हैं,
जो कौणप-कुल से मूक-सदृश शासित हैं।
मैं आया, जिसमें बनी रहे मर्यादा,

बच जाय प्रलय से, मिटै न जीवन सादा।
सुख देने आया, दुःख झेलने आया,
मैं मनुष्यत्व का नाट्य खेलने आया।
मैं यहाँ एक अवलम्ब छोड़ने आया,
गढ़ने आया हूँ, नहीं तोड़ने आया।
मैं यहाँ जोड़ने नहीं, बाँटने आया,
जगदुपवन के झंखाड़ छाँटने आया।
मैं राज्य भोगने नहीं, भुगाने आया,
हंसों को मुक्ता-मुक्ति चुगाने आया।
भव में नव वैभव व्याप्त कराने आया,
नर को ईश्वरता प्राप्त कराने आया!
सन्देश यहाँ मैं नहीं स्वर्ग का लाया,
इस भूतल को ही स्वर्ग बनाने आया।
अथवा आकर्षण पुण्यभूमि का ऐसा,
अवतरित हुआ मैं, आप उच्च फल जैसा।
जो नाम मात्र ही स्मरण मदीय करेंगे,
वे भी भवसागर बिना प्रयास तरेंगे।
पर जो मेरा गुण, कर्म स्वभाव धरेंगे,
वे औरों को भी तार, पार उतरेंगे।''
''पर होगा यह उद्देश्य सिद्ध क्या वन में?
सम्भव है चिन्तन-मनन मात्र निर्जन में!''
''वन में निज साधन सुलभ धर्म से होगा,
जब मन से होगा तब न कर्म से होगा?
बहु जन वन में हैं बने ऋक्ष-वानर-से,
मैं दूँगा अब आर्यत्व उन्हें निज कर से।
चल दण्डक वन में शीघ्र निवास करूँगा,
निज तपोधनों के विघ्न विशेष हरूँगा।
उच्चारित होती चले वेद की वाणी,

गूँजे गिरि-कानन-सिन्धु-पार कल्याणी।
अम्बर में पावन होम-धूप घहरावे,
वसुधा का हरा दुकूल भरा लहरावे।
तत्वों का चिन्तन करें स्वस्थ हो ज्ञानी,
निर्विघ्न ध्यान में निरत रहें सब ध्यानी।
आहुतियाँ पड़ती रहें अग्नि में क्रम से,
उस तपस्त्याग की विजय-वृद्धि हो हमसे।
मुनियों को दक्षिण देश आज दुर्गम है,
बर्बर-कौणप-गण वहाँ उग्र यम-सम है।
वह भौतिक मद से मत्त यथेच्छाचारी,
मेटूँगा उसकी कुगति-कुमति मैं सारी।"

मेरी कुटिया में राज-भवन मन भाया

"निज सौध सदन में उटज पिता ने छाया,
मेरी कुटिया में राज-भवन मन भाया।

सम्राट स्वयं प्राणेश, सचिव देवर हैं,
देते आकर आशीष हमें मुनिवर हैं।
धन तुच्छ यहाँ,—यद्यपि असंख्य आकर हैं,
पानी पीते मृग-सिंह एक तट पर हैं।
सीता रानी को यहाँ लाभ ही लाया,
मेरी कुटिया में राज-भवन मन भाया।

क्या सुन्दर लता-वितान तना है मेरा,
पुजांकृति गुंजित कुंज घना है मेरा।
जल निर्मल, पवन पराग-सना है मेरा,
गढ़ चित्रकूट दृढ़-दिव्य बना है मेरा।
प्रहरी निर्झर, परिखा प्रवाह की काया,
मेरी कुटिया में राज-भवन मन भाया।

औरों के हाथों यहाँ नहीं पलती हूँ,
अपने पैरों पर खड़ी आप चलती हूँ।
श्रमवारिबिन्दु फल स्वास्थ्यशुक्ति फलती हूँ,

अपने अंचल से व्यजन आप झलती हूँ।
तनु-लता-सफलता-स्वादु आज ही आया,
मेरी कुटिया में राज-भवन मन भाया।

जिनसे ये प्रणयी प्राण त्राण पाते हैं,
जी भरकर उनको देख जुड़ा जाते हैं।
जब देव कि देवर विचर-विचर आते हैं,
तब नित्य नये दो-एक द्रव्य लाते हैं।
उनका वर्णन ही बना विनोद सवाया,
मेरी कुटिया में राज-भवन मन भाया।

किसलय-कर स्वागत-हेतु हिला करते हैं,
मृदु मनोभाव-सम सुमन खिला करते हैं।
डाली में नव फल नित्य मिला करते हैं,
तृण तृण पर मुक्ता-भार झिला करते हैं।
निधि खोले दिखला रही प्रकृति निज माया,
मेरी कुटिया में राज-भवन मन भाया।

कहता है कौन कि भाग्य ठगा है मेरा?
वह सुना हुआ भय दूर भगा है मेरा।
कुछ करने में अब हाथ लगा है मेरा,
वन में ही तो गार्हस्थ जगा है मेरा।
वह वधू जानकी बनी आज यह जाया,
मेरी कुटिया में राज-भवन मन भाया।

फल-फूलों से हैं लदी डालियाँ मेरी,
वे हरी पत्तलें, भरी थालियाँ मेरी।
मुनि बालाएँ हैं यहाँ आलियाँ मेरी,
तटिनी की लहरें और तालियाँ मेरी।

क्रीड़ा-सामग्री बनी स्वयं निज छाया,
मेरी कुटिया में राज-भवन मन भाया।

मैं पली पक्षिणी विपिन-कुंज-पिंजर की,
आती है कोटर-सदृश मुझे सुध घर की।
मृदु-तीक्ष्ण वेदना एक एक अन्तर की,
बन जाती है कल-गीति समय के स्वर की।
कब उसे छेड़ यह कण्ठ यहाँ न अघाया?
मेरी कुटिया में राज-भवन मन भाया।

गुरुजन-परिजन सब धन्य ध्येय हैं मेरे,
ओषधियों के गुण-विगुण ज्ञेय हैं मेरे।
वन-देव-देवियाँ आतिथेय हैं मेरे,
प्रिय-संग यहाँ सब प्रेय श्रेय हैं मेरे।
मेरे पीछे ध्रुव-धर्म स्वयं ही धाया,
मेरी कुटिया में राज-भवन मन भाया।

नाचो मयूर, नाचो कपोत के जोड़े,
नाचो कुरंग, तुम लो उड़ान के तोड़े।
गाओ दिवि, चातक, चटक, भृंग भय छोड़े,
वैदेही के वनवास-वर्ष हैं थोड़े।
तितली, तूने यह कहाँ चित्रपट पाया?
मेरी कुटिया में राज-भवन मन भाया।

आओ कलापि, निज चन्द्रकला दिखलाओ,
कुछ मुझसे सीखो और मुझे सिखलाओ।
गाओ पिक, मैं अनुकरण करूँ, तुम गाओ,
स्वर खींच तनिक यों उसे घुमाते जाओ।
शुक, पढ़ो,—मधुर फल प्रथम तुम्हीं ने खाया,
मेरी कुटिया में राज-भवन मन भाया।

अयि राजहंसि, तू तरस तरस क्यों रोती,
तू शुक्ति-वंचिता कहीं मैथिली होती,
तो श्यामल तनु के श्रमज-विन्दुमय मोती,
निज व्यजन-पक्ष से तू अँकोर सुध खोती,--
जिन पर मानस ने पद्म-रूप मुँह बाया,
मेरी कुटिया में राज-भवन मन भाया।

ओ निर्झर, झर झर नाद सुनाकर झड़ तू,
पथ के रोड़ों से उलझ-सुलझ, बढ़-अड़ तू।
ओ उत्तरीय, उड़, मोद-पयोद, घुमड़ तू,
हम पर गिरि-गद्गद भाव, सदैव उमड़ तू।
जीवन को तूने गीत बनाया, गाया,
मेरी कुटिया में राज-भवन मन भाया।

ओ भोली कोल-किरात-भिल्ल बालाओ,
मैं आप तुम्हारे यहाँ आ गयी, आओ।
मुझको कुछ करने योग्य काम बतलाओ,
दो अहो! नव्यता और भव्यता पाओ।
लो, मेरा नागर भाव भेट जो लाया,
मेरी कुटिया में राज-भवन मन भाया।

सब ओर लाभ ही लाभ बोध-विनिमय में,
उत्साह मुझे है विविध वृत्त-संचय में।
तुम अर्द्ध नग्न क्यों रहो अशेष समय में,
आओ, हम कातें-बुनें गान की लय में।
निकले फूलों का रंग, ढंग से ताया,
मेरी कुटिया में राज-भवन मन भाया।''

थे समाधिस्थ-से राम अनाहत सुनते,
स्वर पत्र पत्र पर प्रेम-जाल थे बुनते।
कितने मीठे हैं, मरे बीन के झाले,
तरु झूम रहे थे हरे - भरे मतवाले।
''गाओ मैथिलि, स्वच्छन्द, राम के रहते,
सुन ले कोई भी आज मुझे यह कहते—
निश्चिन्त रहे, जो करे भरोसा मेरा,
बस, मिले प्रेम का मुझे परोसा मेरा।
आनन्द हमारे ही अधीन रहता है,
तब भी विषाद नरलोक व्यर्थ सहता है।
करके अपना कर्त्तव्य रहो सन्तोषी,
फिर सफल हो कि तुम विफल, न होगे दोषी।
निश्चिन्त नारियाँ आत्म-समर्पण करके,
स्वीकृति में ही कृतकृत्य भाव हैं नर के।
गौरव क्या है, जन-भार वहन करना ही,
सुख क्या है, बढ़कर दुःख सहन करना ही।''
कलिकाएँ खिलने लगीं, फूल फिर फूले,
खग-मृग भी चरना छोड़ सभी सुध भूले।
सन्नाटे में था एक यही रव छाया—
मेरी कुटिया में राज-भवन मन भाया!
''देवर के शर की अनी बनाकर टाँकी,
मैंने अनुजा की एक मूर्ति है आँकी।
आँसू नयनों में, हँसी वदन पर बाँकी,
काँटे समेटती, फूल छींटती झाँकी!
निज मन्दिर उसने यही कुटीर बनाया!
मेरी कुटिया में राज-भवन मन भाया।''

दीप-दान

जल, रे दीपक, जल तू
जिनके आगे अँधियारा है, उनके लिए उजल तू

जोता, बोया, लुना जिन्होंने
श्रम कर ओटा, धुना जिन्होंने
बत्ती बँटकर तुझे सँजोया, उनके तप का फल तू
जल, रे दीपक, जल तू

अपना तिल तिल पिरवाया है
तुझे स्नेह देकर पाया है
उच्च स्थान दिया है घर में रह अविचल झलमल तू
जल, रे दीपक, जल तू

चूल्हा छोड़ जलाया तुझको
क्या न दिया, जो पाया, तुझको
भूल न जाना कभी ओट का वह पुनीत अंचल तू
जल, रे दीपक, जल तू

कुछ न रहेगा, बात रहेगी
होगा प्रात, न रात रहेगी
सब जागें तब सोना सुख से तात, न हो चंचल तू
जल, रे दीपक, जल तू!

दोनों ओर प्रेम पलता है!

दोनों ओर प्रेम पलता है!
सखि, पतंग भी जलता है हा! दीपक भी जलता है!
सीस हिलाकर दीपक कहता—
'बन्धु, वृथा ही तू क्यों दहता?'
पर पतंग पड़कर ही रहता!
कितनी विह्वलता है!
दोनों ओर प्रेम पलता है।
बचकर हाय! पतंग मरे क्या?
प्रणय छोड़कर प्राण धरे क्या?
जले नहीं तो मरा करे क्या?
क्या यह असफलता है?
दोनों ओर प्रेम पलता है।
कहता है पतंग मन मारे—
'तुम महान, मैं लघु, पर प्यारे,
क्या न मरण भी हाथ हमारे?'
शरण किसे छलता है?
दोनों ओर प्रेम पलता है।
दीपक के जलने में आली,
फिर भी है जीवन की लाली।
किन्तु पतंग-भाग्य-लिपि काली,

किसका वश चलता है?
दोनों ओर प्रेम पलता है।
जगती वणिग्वृत्ति है रखती।
उसे चाहती जिससे चखती,
काम नहीं, परिणाम निरखती।
मुझे यही खलता है
दोनों ओर प्रेम पलता है!

मातृभूमि

(1)

नीलाम्बर परिधान हरित पट पर सुन्दर है,
सूर्य-चन्द्र युग मुकुट मेखला रत्नाकर है।
नदियाँ प्रेम-प्रवाह फूल तारे मण्डन हैं,
बन्दी जन खग-वृन्द शेष फन सिंहासन हैं!
करते अभिषेक पयोद हैं बलिहारी इस वेष की,
है मातृभूमि! तू सत्य ही सगुण मूर्ति सर्वेश की॥

(2)

मृतक-समान अशक्त विवश आँखों को मीचे;
गिरता हुआ विलोक गर्भ से हम को नीचे।
कर के जिसने कृपा हमें अवलम्ब दिया था,
लेकर अपने अतुल अंक में त्राण किया था।
जो जननी का भी सर्वदा थी पालन करती रही,
तू क्यों न हमारी पूज्य हो? मातृभूमि, मातामही!

(3)

जिसकी रज में लोट लोट कर बड़े हुए हैं,
घुटनों के बल सरक-सरक कर खड़े हुए हैं।

परमहंस-सम बाल्यकाल में सब सुख पाये,
जिस के कारण 'धूल भरे हीरे' कहलाये।
हम खेले कूदे हर्षयुत जिस की प्यारी गोद में,
हे मातृभूमि! तुझको निरख मग्न क्यों न हों मोद में?

(4)

पालन-पोषण और जन्म का कारण तू ही,
वक्षःस्थल पर हमें कर रही धारण तू ही।
अभ्रंकष प्रासाद और ये महल हमारे,
बने हुए हैं अहो! तुझी से तुझ पर सारे।
हे मातृभूमि! जब हम कभी शरण न तेरी पायँगे,
बस तभी प्रलय के पेट में सभी लीन हो जायँगे॥

(5)

हमें जीवनाधार अन्न तू ही देती है,
बदले में कुछ नहीं किसी से तू लेती है।
श्रेष्ठ एक से एक विविध द्रव्यों के द्वारा,
पोषण करती प्रेम-भाव से सदा हमारा।
हे मातृभूमि! उपजें न जो तुझसे कृषि-अंकुर कभी,
तो तड़प-तड़प कर जल मरें जठरानल में हम सभी॥

(6)

पाकर तुझसे सभी सुखों को हमने भोगा,
तेरा प्रत्युपकार कभी क्या हम से होगा?
तेरी ही यह देह, तुझी से बनी हुई है,
बस तेरे ही सुरस-सार से सनी हुई है।
हा! अन्त-समय तू ही इसे अचल देख अपनायगी,
हे मातृभूमि! यह अन्त में तुझमें ही मिल जाएगी॥

(7)

जिन मित्रों का मिलन मलिनता को है खोता,
जिस प्रेमी का प्रेम हमें मुददायक होता।
जिन स्वजनों को देख हृदय हर्षित हो जाता,
नहीं टूटता कभी जन्म भर जिन से नाता।
उन सबमें तेरा सर्वदा व्याप्त हो रहा तत्त्व है
हे मातृभूमि! तेरे सदृश किस का महा महत्त्व है?

(8)

निर्म्मल तेरा नीर अमृत के सम उत्तम है,
शीतल-मन्द-सुगन्ध पवन हर लेता श्रम है।
षट् ऋतुओं का विविध दृश्ययुत अद्‌भुत क्रम है,
हरियाली का फर्श नहीं मखमल से कम है।
शुचि सुधा सींचता रात में तुझ पर चन्द्र-प्रकाश है,
हे मातृभूमि! दिन में तरणि करता तम का नाश है॥

(9)

सुरभित, सुन्दर, सुखद सुमन तुझ पर खिलते हैं,
भाँति भाँति के सरस सुधोपम फल मिलते हैं।
ओषधियाँ हैं प्राप्त एक से एक निराली,
खानें शोभित कहीं धातु-वर रत्नोंवाली।
जो आवश्यंक होते हमें मिलते सभी पदार्थ हैं,
हे मातृभूमि! वसुधा, धरा, तेरे नाम यथार्थ हैं॥

(10)

दीख रही है कहीं दूर तक शैल-श्रेणी,
कहीं घनावलि बनी हुई है तेरी वेणी।

नदियाँ पैर पखार रही हैं वन कर चेरी,
पुष्पों से तरुराजि कर रही पूजा तेरी।
मृदु मलय-वायु मानों तुझे चन्दन चारु चढ़ा रही,
हे मातृभूमि! किस का न तू सात्विक भाव बढ़ा रही?

(11)

क्षमामयी, तू दयामयी है, क्षेममयी है,
सुधामयी, वात्सल्यमयी, तू प्रेममयी है।
विभवशातिनी, विश्वपालिनी, दुखहर्त्री है;
भयनिवारिणी, शान्तिकारिणी सुखकर्त्री है।
हे शरणदायिनी देवि! तू करती सब का त्राण है,
हे मातृभूमि! सन्तान हम, तू जननी तू प्राण है॥

(12)

आते ही उपकार याद हे माता! तेरा,
हो जाता मन मुग्ध भक्ति-भावों का प्रेरा।
तू पूजा के योग्य, कीर्त्ति तेरी हम गावें,
मन तो होता तुझे उठाकर शीश चढ़ावें।
वह शक्ति कहाँ, हा! क्या करें, क्यों हम को लज्जा न हो?
हम मातृभूमि! केवल तुझे शीश झुका सकते अहो!

(13)

कारण-वश जब शोक-दाह से हम दहते हैं,
तब तुझ पर ही लोट लोट कर दुख सहते हैं।
पाखण्डी भी धूल चढ़ा कर तनु में तेरी,
कहलाते हैं साधु नहीं लगती है देरी।
इस तेरी ही शुचि धूलि में मातृभूमि! वह शक्ति है।
जो क्रूरों के भी चित्त में उपजा सकती भक्ति है॥

(14)

कोई व्यक्ति विशेष नहीं तेरा अपना है,
जो यह समझे हाय! देखता वह सपना है।
तुझ को सारे जीव एक से ही प्यारे हैं,
कर्म्मों के फल मात्र यहाँ न्यारे न्यारे हैं।
हे मातृभूमि! तेरे निकट सबका सम सम्बन्ध है,
जो भेद मानता वह अहो! लोचनयुत भी अन्ध है।

(15)

जिस पृथिवी में मिले हमारे पूर्वज प्यारे,
उससे हे भगवान! कभी हम रहें न न्यारे।
लोट लोट कर वहीं हृदय को शान्त करेंगे,
उसमें मिलते समय मृत्यु से नहीं डरेंगे।
उस मातृभूमि की धूल में जब पूरे सन जायँगे,
हो कर भव-बन्धन-मुक्त हम आत्मरूप बन जायँगे॥

महावीर की जय

अरि-गृह में भी संयम मय,
बोलो महावीर की जय।

बसो ग्राम-वन में भी नागर,
गिनो तुच्छ विघ्नों के सागर।
लो सीता-संवाद उजागर,—
जो निज मान-मूर्ति निश्चय;
बोलो महावीर की जय।

राक्षस रिपुओं की क्या शंका,
जले कनक की भी अघलंका।
बजे राम राजा का डंका,
प्रेत-पिशाचों का क्या भय?
बोलो महावीर की जय।

पथ-पर्वत सब कुछ दुर्गम हों,
पर साहस उत्साह न कम हों।
संजीवनी और बस हम हों,
फिर क्या सोच और संशय?
बोलो महावीर की जय।

आय का उपयोग

निकल रही है उर से आह;
ताक रहे सब तेरी राह।

चातक खड़ा चोंच खोले है,
सम्पुट खोले सीप खड़ी;
मैं अपना घट लिये खड़ा हूँ,
अपनी अपनी हमें पड़ी।
सबको है जीवन की चाह;
ताक रहे सब तेरी राह।

मैं कहता हूँ—मैं प्यासा हूँ,
चातक—'पी, पी'—रटता है;
व्यंग्य मानता हूँ मैं उसको,
हृदय क्षोभ से फटता है।
पर क्या वह रखता है डाह?
ताक रहे सब तेरी राह।

मैं अपनी इच्छा कहता हूँ,
पर वह तुझे बुलाता है;
मुझसे अधिक उदार वही है,

गुरुदक्षिणा कपट मुनि पावें,
लक्ष्मण-से भाई बच जावें।
हम निज कार्य्य सिद्ध कर लावें,
रहें शक्ति-सम्पन्न सदय,
बोलो महावीर की जय।

पर भ्रम यहाँ भुलाता है।
किसको है किसकी परवाह!
ताक रहे सब तेरी राह।

हम अपनी अपनी कहते हैं,
किन्तु सीप क्या कहती है?
कुछ भी नहीं, खोल कर भी मुँह
वह नीरव ही रहती है!
उसके आशय की क्या थाह?
ताक रहे सब तेरी राह।

घनश्याम, फिर भी तू सबकी
इच्छा पूरी करता है;
चातक-चञ्चु, सीप का सम्पुट,
मेरा घट भी भरता है।
सब पर तेरा दया-प्रवाह;
ताक रहे सब तेरी राह।

तेरे दया-दान का मैंने,
चातक ने भी, भोग किया;
किन्तु सीप ने उसको लेकर
क्या अपूर्व उपयोग किया—
बना दिया है मुक्ता, वाह!
ताक रहे सब तेरी राह।

शास्त्र

रूढ़ि-बद्ध हो जायँ न शास्त्र,
कीट न काट जाय धर्मास्त्र।
काई निकले, झलके नीर,
जागे निज जीवन गम्भीर।
शास्त्र अखिल अर्थों के मूल,
व्याख्या है निज बुद्ध्यनुकूल।
जो करना हो कर लो सिद्ध,
वह हो चाहे स्वयं निषिद्ध।
सड़ी सड़ी बातों का मोह।
आधारों का ऊहापोह,
बना न दे बकवादी भेक;
धारण करो स्वतन्त्र विवेक।
शास्त्र तुम्हारे लिये अशेष,
बनो न तुम उनके बलि-मेष।
सुनो प्रमाण शान्ति के साथ,
पर निर्णय हो अपने हाथ।
जितने भी हैं शास्त्र-ग्रन्थ,
दिखलाते हैं केवल पन्थ।
पर पाथेय और गति-शक्ति,
संग्रह करें स्वयं सब व्यक्ति।

किस मुँह से शास्त्रों की ओट,
लेकर सहें युक्ति की चोट।
जब हम छोड़ उन्हीं का धर्म
करते हैं उलटे बहु कर्म?
"बोलो झूँठ न" अक्षर पाँच,
लिए शास्त्र में हमने बाँच।
मान लिए बस पहले चार!
चला कौन सबके अनुसार!
यही हमारी शास्त्र-प्रीति!
यही तर्क करने की रीति।
हम हैं आश्रम-धर्म विहीन,
फिर भी वेद-वाद में लीन!
बन कर पूर्वज-सदृश समर्थ,
नई समस्याओं के अर्थ।
करो नई विधियाँ निर्माण,
समय स्वयं है बड़ा प्रमाण।
समयोचित न समझते सूरि
तो क्यों भिन्न स्मृतियाँ भूरि।
रचते रहते यहाँ नवीन,
तुम वैसे ही बनो प्रवीण।
भुसी फटक देते हैं सूप,
तुम तो हो चिर चेतन-रूप।
हुई चेतना चलनी शोक!
सार फेंक रखती है फोक।
अपने शास्त्रकार मतिमान,
देश काल से न थे अजान,
उठो, अवस्था के अनुसार,
करो व्यवस्था स्वयं विचार।

भिन्न पुराण स्मृतियाँ वेद,
मुनियों में भी बहुमत-भेद।
करके प्रकट परिस्थिति-बोध,
बनो स्वयं साक्षी विधि शोध।
त्यागो मुनि-मत भी प्रतिकूल,
करते बड़े बड़ी ही भूल।
बुद्धि शरण लो, न हो उदास,
तुम में प्रेरक प्रभु का वास।
उपादेय हो और सयुक्ति,
मानो बालक की भी उक्ति।
ब्रह्म-वाक्य भी जँचें न ठीक
तो तुम जानों उन्हें अलीक।
सज्जन-मत है स्वतः प्रमाण;
वही शास्त्र-रत्नों का शाण।
पौरुष हो, पर आर्ष-समान
दो उसको तुम आदर-मान
मार्ग बड़ों का हो स्वीकार्य,
पर वह रहे परिष्कृत आर्य।
करो अकण्टक उसको झाड़,
भरो गर्त्त झंखाड़ उखाड़।
माता पिता वृद्ध बल-हीन
पत्नी पतिव्रता शिशु दीन
करके भी अकार्य भर्त्तव्य,
समय समय का है कर्तव्य।
धर्मोद्धार, समाज-सुधार,
करो हृदय में दृढ़ता धार।
होने पर विस्फोट-विकार,
अस्त्र-योग भी है उपचार।

दम्भ, महाडम्बर, पाखण्ड,
सन्निपात सम चण्डोद्दण्ड–
करते हैं सुधर्म का नाश,
काटो यह त्रिदोष मय पाश।
कुल-गत नहीं, व्यक्ति-गत वीर्य;
ऐसा ही सब गुण-गाम्भीर्य।
नहीं शीश पर जिनके सींग,
वे चाहें तो मारें डींग!
द्विज-सा देवप्रिय चाण्डाल,
यदि वह है स्ववृत्ति-व्रत पाल।
नहीं वित्त विद्या अनिवार्य,
वृत्त बनाता है बस आर्य।
दीपक से भी कज्जल-जात,
और पङ्क से भी जलजात।
एक डाल में काँटे-फूल,
जाति नहीं गुण मङ्गलमूल।

प्रबल और निर्बल

हम बली, तुम निर्बल देखना, बस हमें निज नाशक लेखना।
कुछ विनोद हमें करना हुआ, समझ लो कि तुम्हें मरना हुआ ॥

सबल हो तुम सो हम जानते, अबलता अपनी हम मानते।
पर नहीं यह न्याय विचार लो, अबल देख हमें तुम मार लो!

तब नृशंसपना खलता नहीं, अदयता पर जी जलता नहीं।
पर हताहत देख हमें पड़े, अहह! क्या तुम हो हँसते खड़े!

कर हमें पद-मर्दित सर्वदा, तुम मदान्ध हुए फिरते यदा।
फिर हमें न धरा पर ठौर क्या, बस तवार्थ बनी यह और क्या?

तनिक कंकड़ भी पद में गड़े, कि तुम को फिर चैन नहीं पड़े।
तदपि हो तुम हिंसकता भरे, तब सजीव तुम्हीं ठहरे अरे!

अति असंख्यक प्राणि-विघात हो, रुधिर-मग्न मही दिन-रात हो।
न तुम को इसका कुछ ध्यान है, अहह! स्वार्थ बड़ा बलवान है ॥

समझ की बस है यह भिन्नता, अबल जान हमें तुम लो सता।
यदि कभी हम भी बल पायँगे, अबल देख तुम्हें उर लायँगे ॥

कर नहीं पर-पीड़न के लिए, पर-हितार्थ तुम्हें प्रभु ने दिये।
तुम न जो पर-पालक हो अहो, मनुज! तो पर-पीड़क तो न हो ॥

नर हो, न निराश करो मन को

कुछ काम करो, कुछ काम करो
जग में रह कर कुछ नाम करो
यह जन्म हुआ किस अर्थ अहो
समझो जिसमें यह व्यर्थ न हो
कुछ तो उपयुक्त करो तन को
नर हो, न निराश करो मन को

सँभलो कि सुयोग न जाय चला
कब व्यर्थ हुआ सदुपाय भला
समझो जग को न निरा सपना
पथ आप प्रशस्त करो अपना
अखिलेश्वर हैं अवलम्बन को
नर हो, न निराश करो मन को

जब प्राप्त तुम्हें सब तत्व यहाँ
फिर जा सकता वह सत्व कहाँ
तुम स्वत्व सुधा रस पान करो
उठके अमरत्व विधान करो
दवरूप रहो भव कानन को
नर हो, न निराश करो मन को

निज गौरव का नित ज्ञान रहे
हम भी कुछ हैं यह ध्यान रहे
मरणोत्तर गुंजित गान रहे
सब जाय अभी पर मान रहे
कुछ हो न तजो निज साधन को
नर हो, न निराश करो मन को

प्रभु ने तुमको दान किए
सब वांछित वस्तु विधान किए
तुम प्राप्त करो उनको न अहो
फिर है यह किसका दोष कहो
समझो न अलभ्य किसी धन को
नर हो, न निराश करो मन को

किस गौरव के तुम योग्य नहीं
कब कौन तुम्हें सुख भोग्य नहीं
जन हो तुम भी जगदीश्वर के
सब हैं जिसके अपने घर के
फिर दुर्लभ क्या उसके जन को
नर हो, न निराश करो मन को

करके विधि वाद न खेद करो
निज लक्ष्य निरन्तर भेद करो
बनता बस उद्यम ही विधि है
मिलती जिससे सुख की निधि है
समझो धिक निष्क्रिय जीवन को
नर हो, न निराश करो मन को
कुछ काम करो, कुछ काम करो

काले बादल

क्या कहा?—काले?—हाँ, हम श्वेत नहीं,
किन्तु क्या निर्मल-नीर-निकेत नहीं?
बरसते हैं क्या साम्य समेत नहीं?
हरे रखते हैं क्या सब खेत नहीं?

हमें तुम भूल न जाओ, पहचानो;
आँख रखते हो तो अंजन जानो ॥

सफल करते हैं पद-विन्यास हमीं,
बुझाते हैं पृथ्वी की प्यास हमीं।
उगाते हैं हे पशुओ! घास हमीं,
दूर रहकर भी रहते पास हमीं।

श्वेत वक-वृन्द हमीं में उड़ता है,
जगत का जलता जी भी जुड़ता है ॥

सरस हैं, पर हम शक्ति विहीन नहीं,
आर्द्र होकर भी क्या घन पीन नहीं?
देख लो दाता हैं हम, दीन नहीं;
समय के साथी किन्तु अधीन नहीं।

भरी है हम में, नस नस में बिजली,
किन्तु हम रखते हैं बस में बिजली ॥

फुहारें फूलों सी बरसादें हम,
और सूखे को भी सरसादें हम।
खिंचें यदि तो दुकाल दरसादें हम,
बूँद के लिए तुम्हें तरसादें हम।

बनें जल भी थल जो हम तन जावें,
बना दें तो थल भी जल बन जावें ॥

विपुल ब्रह्माण्ड हमीं तो सेते हैं,
विश्व का विस्तृत बेड़ा खेते हैं।
हृदय में रवि-शशि को रख लेते हैं,
जुगुनुओं तक को अवसर देते हैं।

वायु-वाहन पर व्योम-विहारी हैं,
धनुष-मिष सब रंगों के धारी हैं ॥

घेर सकता है कौन, स्वयं घिरते;
फिरा सकता है कौन, स्वयं फिरते।
झिरा सकता है कौन, स्वयं झिरते,
गरज सुनकर क्या गर्भ नहीं गिरते?

प्रलय कर दें, यदि भृकुटि फिरा दें हम;
उपल बरसादें, गाज गिरादें हम ॥

समझते हैं हम रोग श्वेतपन को,
रिक्त ही पाओगे तुम सितघन को।

क्या करें लेकर उस उज्ज्वल तन को—
न पावें जिसमें हम शुचि जीवन को?

गर्व है काले होने का हमको,
मिला घनश्याम नाम पुरुषोत्तम को ॥

न होती छटा हमारी जो काली,
कहाँ से आती तो यह हरयाली?
न सजती सौ सौ अन्नों से थाली,
न रहता कोई राग रंगशाली।

करें यदि हम करुणा कर वृष्टि नहीं,
जान रक्खो, तो तुम क्या, सृष्टि नहीं ॥

तुम्हें जब मृगतृष्णा तल छलते हैं,
जलाशय मानों आप उबलते हैं।
शिलाएँ फटती हैं, वन जलते हैं;
हमीं तब रक्षा करने चलते हैं।

किसी का नीर नहीं जो पीते हैं,
हमीं से वे चातक भी जीते हैं ॥

हमीं तो घर की याद दिलाते हैं,
और बिछुड़ों को हमीं मिलाते हैं,
महा मुरझे भी सुमन खिलाते हैं,
स्वजीवन देकर तुम्हें जिलाते हैं।

बरसते हैं अपने को आप हमीं,
शान्त करते हैं भव-सन्ताप हमीं ॥

चलें तो अन्ध आँधियाँ चला करें,
जलें तो आक, जवा से जला करें,
सु-फल पुण्य-क्षेत्रों में फला करें।
हमारी बूँदें सब का भला करें।

व्यर्थ के झगड़ों की मत सृष्टि करो,
इधर देखो, कुछ ऊँची दृष्टि करो ॥

नैराश्य-निवारण

क्यों तुम यों हताश होते हो?
भारत हुआ श्मशान हाय! यह कहकर क्यों रोते हो?

तुम में इतना ज्ञान बना है,
उर में उसका ध्यान बना है,
यदि वह महाश्मशान बना है,
तो भी शिव का स्थान बना है!

शिव हैं जहाँ शक्ति भी होंगी, धीरज क्यों खोते हो?
क्यों तुम यों हताश होते हो?

उसमें शत सृतियाँ पाओगे,
पुरखों की स्मृतियाँ पाओगे,
वीरों की कृतियाँ पाओगे,
धीरों की धृतियाँ पाओगे,

उठो, सींचते हो जिसको क्यों उसे नहीं बोते हो?
क्यों तुम यों हताश होते हो?

मनुष्यता

विचार लो कि मर्त्य हो न मृत्यु से डरो कभी,
मरो परन्तु यों मरो कि याद जो करे सभी।
हुई न यों सु-मृत्यु तो वृथा मरे, वृथा जिये,
नहीं वहीं कि जो जिया न आपके लिए।
यही पशु-प्रवृत्ति है कि आप आप ही चरे,
वही मनुष्य है कि जो मनुष्य के लिए मरे।।

उसी उदार की कथा सरस्वती बखानती,
उसी उदार से धरा कृतार्थ भाव मानती।
उसी उदार की सदा सजीव कीर्ति कूजती;
तथा उसी उदार को समस्त सृष्टि पूजती।
अखण्ड आत्मभाव जो असीम विश्व में भरे,
वही मनुष्य है कि जो मनुष्य के लिए मरे।।

सहानुभूति चाहिए, महाविभूति है वही;
वशीकृता सदैव है बनी हुई स्वयं मही।
विरुद्धवाद बुद्ध का दया-प्रवाह में बहा,
विनीत लोक वर्ग क्या न सामने झुका रहे?
अहा! वही उदार है परोपकार जो करे,
वही मनुष्य है कि जो मनुष्य के लिए मरे।।

अनन्त अन्तरिक्ष में अनन्त देव हैं खड़े,
समक्ष ही स्वबाहु जो बढ़ा रहे बड़े-बड़े।
परस्परावलम्ब से उठो तथा बढ़ो सभी,
अभी अमर्त्य-अंक में अपंक हो चढ़ो सभी।
रहो न यों कि एक से न काम और का सरे,
वही मनुष्य है कि जो मनुष्य के लिए मरे।।

"मनुष्य मात्र बन्धु है" यही बड़ा विवेक है,
पुराणपुरुष स्वयंभू पिता प्रसिद्ध एक है।
फलानुसार कर्म के अवश्य बाह्य भेद हैं,
परन्तु अंतरैक्य में प्रमाणभूत वेद हैं।
अनर्थ है कि बन्धु ही न बन्धु की व्यथा हरे,
वही मनुष्य है कि जो मनुष्य के लिए मरे।।

चलो अभीष्ट मार्ग में सहर्ष खेलते हुए,
विपत्ति विघ्न जो पड़ें उन्हें ढकेलते हुए।
घटे न हेल मेल हाँ, बढ़े न भिन्नता कभी,
अतर्क एक पन्थ के सतर्क पन्थ हों सभी।
तभी समर्थ भाव है कि तारता हुआ तरे,
वही मनुष्य है कि जो मनुष्य के लिए मरे।।

रहा न भूल के कभी मदान्ध तुच्छ वित्त में
सन्त जान आपको करो न गर्व चित्त में
अन्त को हैं यहाँ त्रिलोकनाथ साथ में
दयालु दीन बन्धु के बड़े विशाल हाथ हैं
अतीव भाग्यहीन हैं अंधेर भाव जो भरे
वही मनुष्य है कि जो मनुष्य के लिए मरे।।

यशोधरा

निज बन्धन को सम्बन्ध सयत्न बनाऊँ।
कह मुक्ति, भला, किस लिए तुझे मैं पाऊँ?

जाना चाहे यदि जन्म भले ही जावे,
आना चाहे तो स्वयं मृत्यु भी आवे,
पाना चाहे तो मुझे मुक्ति ही पावे,
मेरा तो सब कुछ वही, मुझे जो भावे।
मैं मिलन-शून्य में विरह घटा-सी छाऊँ!
कह मुक्ति, भला, किस लिए तुझे मैं पाऊँ?

माना, ये खिलते फूल सभी झड़ते हैं;
जाना, ये दाड़िम आम सभी सड़ते हैं।
पर क्या यों ही ये कभी टूट पड़ते हैं?
या काँटे ही चिरकाल हमें गड़ते हैं?
मैं विफल तभी, जब बीज-रहित हो जाऊँ।
कह मुक्ति, भला, किस लिए तुझे मैं पाऊँ?

यदि हममें अपना नियम और शम-दम है,
तो लाख व्याधियाँ रहें स्वस्थता सम है।

वह जरा एक विश्रान्ति, जहाँ संयम है;
नवजीवन-दाता मरण कहाँ निर्मम है?
भव भावे मुझको और उसे मैं भाऊँ।
कह मुक्ति, भला, किस लिए तुझे मैं पाऊँ?

आकर पूछेंगे जरा-मरण यदि हमसे,
शैशव-यौवन की बात व्यंग्य विभ्रम से,
हे नाथ, बात भी मैं न करूँगी यम से,
देखूँगी अपनी परम्परा को क्रम से।
भावी पीढ़ी में आत्मरूप अपनाऊँ।
कह मुक्ति, भला, किसलिए तुझे मैं पाऊँ?

ये चन्द्र-सूर्य निर्वाण नहीं पाते हैं;
ओझल हो होकर हमें दृष्टि आते हैं।
झोंके समीर के झूम झूम जाते हैं;
जा जा कर नीरद नया नीर लाते हैं।
तो क्यों जा जा कर लौट न मैं भी आऊँ?
कह मुक्ति, भला, किस लिए तुझे मैं पाऊँ?

रस एक मधुर ही नहीं, अनेक विदित हैं,
कुछ स्वादु हेतु, कुछ पथ्य हेतु समुचित हैं।
भोगें इन्द्रिय, जो भोग विधान-विहित हैं;
अपने को जीता जहाँ, वहीं सब जित हैं।
निज कर्मों की ही कुशल सदैव मनाऊँ।
कह मुक्ति, भला, किस लिए तुझे मैं पाऊँ?

होता सुख का क्या मूल्य, जो न दुख रहता?
प्रिय-हृदय सदय हो तपस्ताप क्यों सहता?

मेरे नयनों से नीर न यदि यह बहता,
तो शुष्क प्रेम की बात कौन फिर कहता।
रह दुःख! प्रेम परमार्थ दया मैं लाऊँ।
कह मुक्ति, भला, किस लिए तुझे मैं पाऊँ?

आओ प्रिय! भव में भाव-विभाव भरें हम,
डूबेंगे नहीं कदापि, तरें न तरें हम।
कैवल्य-काम भी काम, स्वधर्म धरें हम,
संसार-हेतु शत बार सहर्ष मरें हम।
तुम, सुनो क्षेम से, प्रेम-गीत मैं गाऊँ।
कह मुक्ति, भला, किस लिए तुझे मैं पाऊँ?

सखि, वे मुझसे कहकर जाते!

सिद्धि-हेतु स्वामी गये, यह गौरव की बात,
पर चोरी-चोरी गये, यही बड़ा व्याघात।

सखि, वे मुझसे कह कर जाते,
कह, तो क्या मुझको वे अपनी पथ-बाधा ही पाते?

मुझको बहुत उन्होंने माना,
फिर भी क्या पूरा पहचाना?
मैंने मुख्य उसी को जाना,
जो वे मन में लाते।
सखि, वे मुझसे कहकर जाते।

स्वयं सुसज्जित करके क्षण में,
प्रियतम को, प्राणों के पण में,
हमीं भेज देती हैं रण में—
क्षात्र-धर्म के नाते।
सखि, वे मुझसे कह कर जाते।

हुआ न यह भी भाग्य अभागा,
किस पर विफल गर्व अब जागा ?
जिसने अपनाया था त्यागा;
रहें स्मरण ही आते!
सखि, वे मुझसे कह कर जाते।

नयन उन्हें हैं निष्ठुर कहते,
पर इनसे जो आँसू बहते,
सदय हृदय वे कैसे सहते?
गये तरस ही खाते!
सखि, वे मुझसे कहकर जाते।

जायँ, सिद्धि पावें वे सुख से,
दुखी न हों इस जन के दुख से,
उपालम्भ दूँ मैं किस मुख से—
आज अधिक वे भाते!
सखि, वे मुझसे कह कर जाते।

गये, लौट भी वे आवेंगे,
कुछ अपूर्व-अनुपम लावेंगे,
रोते प्राण उन्हें पावेंगे?
पर क्या गाते-गाते?
सखि, वे मुझसे कह कर जाते।

माँ, कह एक कहानी

"माँ, कह एक कहानी।"
"बेटा, समझ लिया क्या तूने
मुझको अपनी नानी?"
"कहती है मुझसे यह चेटी,
तू मेरी नानी की बेटी !
कह माँ! कह, लेटी ही लेटी,
राजा था या रानी ?
राजा था या रानी?
माँ, कह एक कहानी ।"

"तू है हठी मानधन मेरे,
सुन, उपवन में बड़े सवेरे,
तात भ्रमण करते थे तेरे,
जहाँ सुरभि मनमानी?"
"जहाँ सुरभि मनमानी?
हाँ, माँ यही कहानी।"

"वर्ण वर्ण के फूल खिले थे,
झलमल कर हिम बिन्दु झिले थे,
हलके झोंके हिले-मिले थे,

लहराता था पानी।"
"लहराता था पानी?
हाँ, हाँ, यही कहानी।"

"गाते थे खग कल-कल स्वर से,
सहसा एक हंस ऊपर से
गिरा, बिद्ध होकर खर-शर से।
हुई पक्ष की हानी!"
"हुई पक्ष की हानी?
करुणा भरी कहानी!"

"चौंक उन्होंने उसे उठाया,
नया जन्मा सा उसने पाया।
इतने में आखेटक आया,
लक्ष्य सिद्धि का मानी।"
"लक्ष्य सिद्धि का मानी?
कोमल कठिन कहानी।"

"माँगा उसने आहत पक्षी,
तेरे तात किन्तु थे रक्षी।
तब उसने जो था खगभक्षी–
हठ करने की ठानी।"
"हठ करने की ठानी?
अब बढ़ चली कहानी।"

"हुआ विवाद सदय-निर्दय में,
उभय आग्रही थे स्वविषय में
गयी बात तब न्यायालय में,

सुनी सभी ने जानी।''
''सुनी सभी ने जानी ?
व्यापक हुई कहानी।''

''राहुल, तू निर्णय कर इसका–
न्याय पक्ष लेता है किसका?
कह दे निर्भय, जय हो जिसका।
सुन लूँ तेरी बानी।''
''माँ, मेरी क्या बानी ?
मैं सुन रहा कहानी।''

''कोई निरपराध को मारे
तो क्यों अन्य उसे न उबारे?
रक्षक पर भक्षक को वारे,
न्याय दया का दानी।''
''न्याय दया का दानी?
तूने गुनी कहानी।''

कृपा-कौमुदी

जीवन-यात्रा के आतप से
मूर्च्छित है मति मेरी।
"कविर्मनीषी–!" कब छिटकेगी
कृपा - कौमुदी तेरी?

मानवीय मानस-रस सारा–
बन बन कर श्रम-जल की धारा,
बह न जाय यों ही बेचारा,
दुस्सह है अब देरी।
"कविर्मनीषी–!" कब छिटकेगी
कृपा - कौमुदी तेरी?

इसे प्रकाश कहूँ क्या प्यारे!
नाश करे जो नेत्र हमारे!
दीख पड़ें दिन ही में तारे!
सिर खावे चकफेरी!
"कविर्मनीषी–!" कब छिटकेगी
कृपा - कौमुदी तेरी?

दौड़ धूप ही हाय! यहाँ है,
मृगतृष्णा ही जहाँ तहाँ है,
"सबकी मैया साँझ" कहाँ है–
संग शान्ति चिर चेरी?
"कविर्मनीषी–!" कब छिटकेगी
कृपा - कौमुदी तेरी?

देख रहा है तू यह सब तो,
उठ अमृतांशु कलाधर! तब तो,
उजला कर दे उसको अब तो,
जो है आप अँधेरी।
"कविर्मनीषी–!" कब छिटकेगी
कृपा - कौमुदी तेरी?

कुकवि-कीर्त्तन

(1)

हो तुष्ट नीच को ऊँच प्रमाणित करना,
हो रुष्ट ऊँच को नीच-पंक्ति में धरना।
लेकर मनमाना मार्ग सवर्ग विचरना,
लड़ने भिड़ने को नहीं किसी से डरना।
यों आप सभी पर विकट प्रभाव जमाते,
कविराज! आप के चरित न जाने जाते ॥

(2)

हो आश्रयदाता क्यों न अज्ञ, अभिमानी,
कर देंगे जाहिर उसे आप 'लासानी'।
होती हो तो हो जाय कलंकित बानी,
पर आप करेंगे ज़रा न आनाकानी।
मिथ्या स्तुति करके कभी न आप अघाते,
कविराज! आप के चरित न जाने जाते ॥

(3)

बाहर अपने को दीन दास बतलाना,
इस भाँति अलौकिक शील स्वभाव दिखाना।

पर रखकर भीतर गर्व महा मनमाना,
सब जग को तुच्छ विचार नहीं सकुचाना।
जाने कितने छल नहीं आप को आते!
कविराज! आपके चरित न जाने जाते ॥

(4)

सम्पूर्ण अर्थ का नाश क्यों न हो जावे,
पर यमक ज़रा भी नहीं बिगड़ने पावे।
चाहे प्रसाद का नहीं लेश भी आवे,
शब्दालंकारों की न कमी दिखलावे।
तुक ही को कविता-मूल आप बतलाते,
कविराज! आपके चरित न जाने जाते ॥

(5)

है काव्य आप के जान पद्य तुक-धारे,
तद्विपय एक रस-केलि आप निबारे।
जगतीतल में कवि एक आप ही प्यारे,
हैं विषयी जन ही रसिक मदन के मारे।
उड़ती चिड़िया भी आप तुरन्त फँसाते,
कविराज! आप के चरित न जाने जाते ॥

(6)

है जिस कविता का काम लोक-हित करना,
सद्भावों से मन मनुज मात्र का भरना।
पहले तो कान्ता-सदृश हृदय को हरना,
फिर प्रकटित करना विमल ज्ञान का झरना।
हा! उसे आप व्यभिचार-प्रयोग बनाते!
कविराज! आप के चरित न जाने जाते ॥

(7)

रखना न ध्यान कुछ समय आदि की गति का,
करना विचार कुछ तथा न भावी क्षति का।
गाकर सदैव बस राग एक रतिपति का,
करना विनाश नवयुवक जनों की मति का।
यों कुरुचि बढ़ाकर आप समाज डुबाते,
कविराज! आप के चरित न जाने जाते॥

(8)

कविता-द्वारा वे बीज आप बोते हैं—
फल जिनके विष से अधिक विषम होते हैं।
जगते कुभाव सद्भाव सभी सोते हैं,
दोनों लोकों से लोग हाथ धोते हैं।
रोते हैं कितने नहीं आप के नाते!
कविराज! आप के चरित न जाने जाते॥

(9)

विभुवर ब्रजेश की ओट लिये मनमानी—
रचते हैं रचना आप विषम विष-सानी।
इस भाँति भक्ति-मिस सदा स्वार्थ के ध्यानी—
करते हैं हा! हा! आप लोक-हित-हानी।
क्या ईश्वर का भी नहीं आप भय खाते?
कविराज! आप के चरित न जाने जाते॥

(10)

प्रिय चन्द्र-वदन की चटक नहीं हो जिसमें,
नागिन सी लट की लटक नहीं हो जिसमें।

भ्रू और दृगों की मटक नहीं हो जिसमें,
मन्मथ महीप का कटक नहीं हो जिसमें।
उसको कविता ही नहीं आप बतलाते!
कविराज! आप के चरित न जाने जाते ॥

(11)

चाहे न वृत्त का बचे विनाश ज़रा भी,
चाहे न ओज का पड़े प्रकाश ज़रा भी।
पा सके भले ही रस न विकास ज़रा भी,
होते हैं किन्तु न आप हताश ज़रा भी।
गाये जाते निज गीत बने मदमाते!
कविराज आपके चरित न जाने जाते ॥

(12)

हो क्यों प्रतिभा के नाम न घोर अँधेरी,
चाहे न कल्पना करे भूल कर फेरी।
सूरत अनुभव की हो न भले ही हेरी,
हो जाती कविता किन्तु आप की चेरी!!!
अपने मुँह अपनी आप बड़ाई गाते,
कविराज! आपके चरित न जाने जाते ॥

(13)

कर नकल और की सदा स्वनाम खपा के–
रख देना झटपट ग्रन्थ-समूह छपा के।
यदि कोई कुछ प्रतिकूल कहे, छल पा के–
करना दृग लोहित यथा प्रसून जपा के।
चोरी-शहजोरी साथ आप अपनाते!
कविराज! आप के चरित न जाने जाते ॥

(14)

हो क्यों न अन्य कवि-गिरा सर्व-गुणधारी–
भद्दी लगती है किन्तु आप को सारी।
दाखें कितनी ही मधुर न हों बेचारी,
हैं ऊँटों को बस ऊँट कटहली प्यारी।
सब भाँति आप में हम विचित्रता पाते!
कविराज! आपके चरित न जाने जाते ॥

(15)

पर-दोष देखते तथा उन्हें जब गाते,
तत्काल आप हैं शेषनाग बन जाते।
गुण किन्तु किसी के जहाँ ध्यान में आते–
तब अन्ध और अति मूक आप को पाते।
(विटचर कदापि क्या सुमन ओर मन लाते?)
कविराज! आप के चरित न जाने जाते ॥

(16)

गुण देख प्रशंसित किसी दूसरे जन के–
जल-भुन रह जाते आप मौन से बन के।
करते फिर नाना यत्न दोष-दर्शन के,
फूटें जिस में विद्वेष-फफोले-मन के।
इतने पर भी निरपेक्ष भाव दिखलाते!
कविराज! आप के चरित न जाने जाते ॥

(17)

उत्कर्ष किसी का जहाँ ध्यान में आया–
तत्क्षण ही अपना उसे अमित्र बनाया।

हरने को फिर उसका यशोर्थ मन भाया—
छोड़ा न एक भी यत्न जहाँ जो पाया।
पर-निन्दा के नद आप अपार बहाते,
कविराज! आप के चरित न जाने जाते ॥

(18)

होता जब साहस प्रकट न कुछ कहने का,
विज्ञों के सम्मुख निडर खड़े रहने का।
लगता है भय निज ज्ञान-मान बहने का—
प्रत्युत्तर रूपी कशाघात सहने का।
तब छिपे छिपे अपशब्द आप बरसाते!
कविराज! आप के चरित न जाने जाते ॥

(19)

कर कर असंख्य आक्षेप आप मरते हैं,
पर बुधवर उन पर ध्यान नहीं धरते हैं।
इससे यह मतलब नहीं कि वे डरते हैं,
हाँ, किन्तु उपेक्षा तुच्छ जान करते हैं।
(क्या श्वान-शब्द पर ध्यान गजेन्द्र लगाते?)
कविराज! आप के चरित न जाने जाते ॥

(20)

रखते जो अपना साम्य न आप किसी में,
होता है सब का भला सदैव इसी में।
निज सम समझें यदि काक-पिकों को जी में,
तो मानें क्या पिक इसे मान पृथिवी में?
है अनन्वयालंकार आप के खाते,
कविराज! आप के चरित न जाने जाते ॥

क्रय-विक्रय

कहो तो क्रय-विक्रय हो जाय,
हम क्रेता, तुम विक्रेता हो
चलने दो व्यवसाय।

सुनो, गाँठ के पूरे हैं हम
किन्तु आँख के अन्धे,
सहज नहीं दिखलाई देते
इस धरती के धन्धे।
हानि का भय है पहले हाय!
कहो तो क्रय-विक्रय हो जाय।

जिसको निज जीवनधन देकर
मोल यहाँ हम लेंगे,
क्या उसके ऊपर अपने को
उलटा बेच न देंगे?
किन्तु है इसका कौन उपाय?
कहो तो क्रय-विक्रय हो जाय।

अच्छा कहो, निछावर अपनी,
हम भी जोड़ जमा लें,
यदि अपने को आज गँवा दें
तो हम तुम्हें कमा लें।
सोच लो है कि नहीं यह न्याय,
कहो तो क्रय-विक्रय हो जाय।

स्वयमागत

तेरे घर के द्वार बहुत हैं,
किसमें होकर आऊँ मैं?
सब द्वारों पर भीड़ मची है,
कैसे भीतर जाऊँ मैं?

द्वारपाल भय दिखलाते हैं,
कुछ ही जन जाने पाते हैं,
शेष सभी धक्के खाते हैं,
क्यों कर घुसने पाऊँ मैं?
तेरे घर के द्वार बहुत हैं,
किसमें होकर आऊँ मैं?

इसमें सभी दैन्य दूषण हैं,
नहीं वस्त्र तक, क्या भूषण हैं,
किन्तु यहाँ लज्जित पूषण हैं,
अपना क्या दिखलाऊँ मैं,
तेरे घर के द्वार बहुत हैं,
किसमें होकर आऊँ मैं?

मुझमें तेरा आकर्षण है,
किन्तु यहाँ घन-संघर्षण है,
इसीलिए दुर्द्धर घर्षण है,
क्यों कर तुझे बुलाऊँ मैं?
तेरे घर के द्वार बहुत हैं,
किसमें होकर आऊँ मैं?

तेरी विभव कल्पना करके,
उसके वर्णन से मन भर के,
भूल रहे हैं जन बाहर के,
कैसे तुझे भुलाऊँ मैं,
तेरे घर के द्वार बहुत हैं,
किसमें होकर आऊँ मैं?

बीत चुकी है वेला सारी,
किन्तु न आयी मेरी बारी,
करूँ कुटी की अब तैयारी,
वहीं बैठ गुन गाऊँ मैं,
तेरे घर के द्वार बहुत हैं,
किसमें होकर आऊँ मैं?

कुटी खोल भीतर जाता हूँ,
तो वैसा ही रह जाता हूँ,
तुझको यह कहते पाता हूँ–
"अतिथि, कहो क्या लाऊँ मैं?"
तेरे घर के द्वार बहुत हैं,
किसमें होकर आऊँ मैं?

वंचिता

आँख मिचौनी की क्रीड़ा में
सचमुच तूने मुझे छला,
तूने या मैंने ही मुझको,
क्या बतलाऊँ इसे भला?

आँख मूँद कर देख रही थी
मैं तुझको ही प्यारे,
कैसे वर्णन करूँ भाव वे
नटखट, न्यारे न्यारे
जब आँखें खोलीं तब दीखे
दृश्य यहाँ के सारे,
किन्तु दिखाई दिया न फिर तू
हारे दोनों तारे।

कौन जानता था मायावी,
तेरी ऐसी कुशलकला?
आँख मिचौनी की क्रीड़ा में
सचमुच तूने मुझे छला।

यदि फिर भी मैं पलक गिराऊँ
तो क्या तुझको पाऊँ,
हेर हेर वह भृकुटि हास्य फिर
बेर बेर बलि जाऊँ?
डरती हूँ यह दृश्यमान भी
अब के मैं न गँवाऊँ,
नहीं जानती हूँ कि क्या करूँ
और कहाँ अब जाऊँ?

तुझे पुकारूँ भी तो कैसे?
भर आया है हाय गला!
आँख मिचौनी की क्रीड़ा में
सचमुच तूने मुझे छला।

जीवन का अस्तित्व

जीव, हुई है तुझको भ्रान्ति;
शान्ति नहीं, यह तो है श्रान्ति!

अरे, किवाड़ खोल, उठ, कब से
मैं हूँ तेरे लिए खड़ा,
सोच रहा है क्या मन ही मन
मृतक-तुल्य तू पड़ा पड़ा।
बढ़ती ही जाती है क्लान्ति,
शान्ति नहीं, यह तो है श्रान्ति!

अपने आप घिरा बैठा है
तू छोटे से घेरे में,
नहीं ऊबता है क्या तेरा
जी भी इस अन्धेरे में?
मची हुई है नीरव क्रान्ति,
शान्ति नहीं, यह तो है श्रान्ति!

द्वार बन्द करके भी तू है
चैन नहीं पाता डर से,
तेरे भीतर चोर घुसा है,

उसको तो निकाल घर से।
चुरा रहा है वह कृति-कान्ति,
शान्ति नहीं, यह तो है श्रान्ति!

जिस जीवन के रक्षणार्थ है
तूने यह सब ढंग रचा,
होकर यों अवसन्न और जड़
वह पहले ही कहाँ बचा?
जीवन का अस्तित्व अशान्ति,
शान्ति नहीं, यह तो है श्रान्ति!

एक खेत

रहते हम यों जीवित-मृत क्यों! ज्यों मरघट के भूत-प्रेत,
कहीं हमारा भी होता हा! छोटा-मोटा एक खेत,

बैल न होते, हम तो होते,
श्रम-जल सींच जोतते बोते,
उगते आशा के-से अंकुर रहता फिर क्यों रक्त श्वेत?
कहीं हमारा भी होता यदि छोटा-मोटा एक खेत!

बाँध मचान रखते गाते,
हम कितना आनन्द मनाते,
जग में हरा खेत है जिनका भरा उन्हीं का है निकेत।
कहीं हमारा भी होता यदि छोटा-मोटा एक खेत!

आती फिर गोमाता मोटी,
बच्चे खाते माखन रोटी,
देती उन्हें गर्व से गृहिणी घर के तिल गुड़ के समेत।
कहीं हमारा भी होता यदि छोटा-मोटा एक खेत!

क्या-क्या फूल फूलते-फलते,
रँहट और रँहटे सब चलते,
मोती बरसाती तब मिट्टी मणि-कणिकाएँ धूल रेत।
कहीं हमारा भी होता यदि छोटा-मोटा एक खेत।

स्वप्न देखते हैं हम झूठे,
देश काल दोनों हैं रूठे,
दुर्लभ हुई धूल भी हमको, व्यर्थ कल्पना, चित्त, चेत।
कहीं हमारा भी होता यदि छोटा-मोटा एक खेत!

मृत्युंजय

करो न अटल मृत्यु-भय व्यर्थ
रहो समुद्यत उसके अर्थ।
बनो आत्म-साक्षी तुम आप,
स्वयं मिटेंगे सारे पाप।
हो जाओ व्रत पर बलिदान,
क्षय हो, जय हो,—उभय समान।
या तो स्वर्ग, कीर्ति, गुण-गान,
या नव गौरव सुख-सम्मान।
बढ़ें मृत्यु का भय जो ठेल,
रखते हैं उनसे सब मेल।
बाँध शून्य में भी वे सेतु,
फहराते हैं ध्रुव पर केतु।
खोजो मृत्यु, दिखाओ ओज,
जीवन करे तुम्हारी खोज।
वैसी ही गति जैसी मृत्यु,
त्यागो ऐसी वैसी मृत्यु,
तुम में पुनर्जन्म-विश्वास,
और अन्त में स्वर्ग-निवास।
रही मुक्ति भी अमृत उलीच,
डरें मृत्यु से नरकी नीच।

तुम स्वधर्म पर हो उत्सर्ग
पाओ स्वर्ग और अपवर्ग।
पर न करो अपना अपघात*,
वह है महा पाप विख्यात।

*आत्मा का हनन, आत्मघात।

भविष्य

मैं अतीत नहीं, भविष्यत् हूँ तुम्हारा
सत्य मुझमें देख लो निज स्वप्न सारा!

देख दूर अतीत की ही ओर, बल साहस न छोड़ो,
तात! मेरी ओर भी तुम तनिक अपनी दृष्टि मोड़ो,
वह गया, मैं आ रहा हूँ, मुख्यतम समझो मुझी को,
कृपण-धन-सम साधु-साधन साध्य के ही अर्थ जोड़ो।

निहित मुझमें ही परम परिणाम प्यारा,
सत्य मुझमें देख लो निज स्वप्न सारा!

सहज मुझको प्राप्त है, संचित तुम्हारी ऋद्धि जितनी
साथ ही मैं कर रहा हूँ, आप उसमें वृद्धि कितनी,
फूल-फल धन-धान्य सब हैं, पीढ़ियों पीछे तुम्हारे,
किन्तु आगे के लिए है क्या यथेष्ट समृद्धि इतनी?

दुधमुँही-सी आज पुरखिन प्रगति-धारा,
सत्य मुझमें देख लो निज स्वप्न सारा!

देखकर तुमको घरों में भी अरक्षित आर्त्त रहते,

अवश कँपते और तपते अधिकतर हिम-ताप सहते;
मैं तुम्हें चेतन कहूँ या जड़, नहीं यह जान पाता,
आह भरते हो, कराह-कराह तुम हा दैव, कहते!

हा! अपौरुष ने तुम्हें पशु तुल्य मारा,
सत्य मुझमें देख लो निज स्वप्न सारा!

नित्य उगती थी मुखों पर घास, पुरखे छीलते थे,
निकट स्वच्छ वधू-वदन भी निरख नेत्र निमीलते थे,
एक खूँटे से बँधे-से थे निरीह विचार उनके,
किल न पाते बाल जिनसे, व्याल काले कीलते थे!

यह विनोद खरा लगे तुमको न खारा,
सत्य मुझमें देख लो निज स्वप्न सारा!

तनिक में डँसती तुम्हें विद्युल्लता बन नागबाला,
कर रही मेरे घरों में कुलवधू-सी वह उजाला,
आह धूम उड़ा रहे हैं यन्त्र आक्रन्दित तुम्हारे,
वह धुआँ धर कर यहाँ क्या-क्या नहीं मैंने निकाला।

साध्य से अब हो गया है सिद्ध पारा,
सत्य मुझमें देख लो निज स्वप्न सारा!

सफल काले और गोरे का समन्वय आज ऐसा,
व्योम में नीलाभ विद्युद्दीप्ति का आलोक जैसा,
कठिन भी जैसा उचित था है कार्य वैसा हो गया,
बन गया है विश्व आर्य, अरूप कौन, अनाम कैसा!

सब कहीं अब एक-सा सबका पसारा,
सत्य मुझमें देख लो निज स्वप्न सारा!

तंर गये राक्षस सदा को, राजते हैं राम-सीता,
मिट चुका है बन्धु-विग्रह, गूँजती है किन्तु गीता;
बुद्ध हैं, पर युग, जरा के साथ बीता व्याधियों का,
सुघर घर छोड़े बिना मैंने मरण-भय जूझ जीता।

साधु निश्चय कर कहाँ कब कौन हारा,
सत्य मुझमें देख लो निज स्वप्न सारा!

रह गया भौतिक भुवन में आज क्या कुछ क्लिष्ट मुझको
कौन-सा ग्रह-लोक है जिसका भ्रमण अवशिष्ट मुझको,
दीखता है निकट ही उद्दिष्ट जो मुझको जहाँ है,
दृढ़ रहो आधार मेरे तुम, यही है इष्ट मुझको!

तात, शुभ सम्बन्ध अक्षय है हमारा,
सत्य मुझमें देख लो निज स्वप्न सारा!
मैं अतीत नहीं, भविष्यत् हूँ तुम्हारा!!

जीवन की ही जय है

मृषा मृत्यु का भय है
जीवन की ही जय है।
जीवन ही जड़ जमा रहा है
नित् नव वैभव कमा रहा है
पिता पुत्र में समा रहा है
यह आत्मा अक्षय है
जीवन की ही जय है।
नया जन्म ही जग पाता है
मरण मूढ़-सा रह जाता है
एक बीज सौ उपजाता है
स्रष्टा बड़ा सदय है
जीवन की ही जय है।
जीवन पर सौ बार मरूँ मैं
क्या इस धन को गाड़ धरूँ मैं?
यदि न उचित उपयोग करूँ मैं
तो फिर महाप्रलय है
जीवन की ही जय है।

यह विजय पताका लहरे

यह विजय पताका फहरे
मुक्त वायुमण्डल में अपनी मानस-लहरी लहरे।

लिखा रहे जगती तल में वह सत्याग्रह का साका
हाथों में हथियार न थे हाँ, थी बस यही पताका
रोक न सका इसे बढ़ने से लोहे का भी नाका
चौंक चमत्कृत अखिल विश्व ने नया तर्क-सा ताका
वह नरता ही क्या बर्बरता जिसके आगे ठहरें!

दिया हमारी पुण्यभूमि ने दुर्लभ कोष हमें है
सहें न हस्तक्षेप किसी का तो क्या दोष हमें है
डरते हैं न डराते हैं हम लोभ न रोष हमें है
किन्तु विश्व की शान्ति तभी है जब सन्तोष हमें है
जिसके भीतर में चोर छिपा हो वही भीति से भहरे!

भारतीय भाई-भाई सम सब विभु के बालक हैं
कर्मकार ही पूँजीपति हैं कृषक भूमि-पालक हैं
आदर्शों के अनुरागी हम लीला के लालक हैं
कलाकार कवि कोविद अपने शासक संचालक हैं
नित्य नया जीवन निहारकर मरण थकित हो ठहरे!

जड़ यन्त्रों ने नहीं हमारी माँ बहनों ने काता
यह सम्बन्ध सूत्र क्या कोई ताना बाना पाता
उठा नहीं अविनयपूर्वक यह बना वैर भी नाता
निष्फल वह आघात स्वयं प्रतिघात जो नहीं लाता
मातृभूमि का यह अंचल पट छाया करके छहरे!

मेरे मुख की स्वाहा

पाँच-पाँच तत्त्वों के रहते क्या मैं चुप रह जाऊँ
सामगान गा गये जहाँ ऋषि क्या मैं वहाँ न गाऊँ?

मिली हमें अपने ऋषियों से जो प्रेरणा अनूठी
वह क्या मेरे मौन मरण से हो न जायगी झूठी
भरपाई भी करूँ क्या न मैं उनसे पाये धन की
मेरे ब्रह्म, बोल क्या तुझसे सरस्वती है रूठी?
प्राप्त सत्य को क्यों मैं नव नव सज्जा से न सजाऊँ
सामगान गा गये जहाँ ऋषि क्या मैं वहाँ न गाऊँ?

ताराकाश न लेगा मेरा दीपदान क्या आहा!
मेरा ऊर्मिल मानस रस क्या कल न करे चितचाहा
मेरे मुखरित भाव पड़ेंगे क्या समीर को भारी
क्या मेरा पावक न सुनेगा मेरे मुख की स्वाहा
क्या भूमा की हरियाली से ललक न मैं लहराऊँ
सामगान गा गये जहाँ ऋषि क्या मैं वहाँ न गाऊँ?

यह परिवर्तनशील विश्व नित नया रूप धरता है
एक मूल शत-शत शाखाएँ समुत्पन्न करता है,
नये नये रस-विष आते हैं फूलों और फलों में
जिनके चुनने में ही नर की निज विवेकपरता है।

उसके तले बैठकर क्या निज हर को मैं न मनाऊँ
सामगान गा गये जहाँ ऋषि क्या मैं वहाँ न गाऊँ?

समा गयी मधुमय मन्त्रों में यदि ऊषा की लाली
तो कीर्तन के योग्य नहीं क्या निशाकाल की काली
मतवाली बयार के झोंके, महमह महक रहे हैं
लहक रही है रजनी-गन्धा उठ ओ मेरे माली।
क्या युग याम गान में अपना माध्यम मैं न मिलाऊँ
सामगान गा गये जहाँ ऋषि क्या मैं वहाँ न गाऊँ?

संसार मेरा

क्या यही संसार मेरा?
अयि प्रकृति, कह, क्या यही चिरनाट्य लीलागार तेरा?

मृत्यु के पहले जहाँ जन ही जनों को मारते हैं;
आप अपनी-सी पराई पीर कौन विचारते हैं?
स्वर्ण-मृग-सा रक्षकों का रूप भक्षक धारते हैं;
दुरितधी पर-धन-धरा पर हाथ पैर पसारते हैं।
शान्ति पर डाले खड़ा है शस्त्र-शासन सघन घेरा।
क्या यही संसार मेरा?

शिशु जहाँ शुष्कस्तनी माँ को अधीर पुकारते हैं;
एक मुट्ठी अन्न पर उनको बुभुक्षित मारते हैं।
आँसुओं के रूप में जीवन जहाँ रस गारते हैं;
एक के पट दूसरों के अन्तरंग उघारते हैं।
रक्त-रंजित ही यहाँ तो साँझ हो चाहे सबेरा!
क्या यही संसार मेरा?

मुक्तिदम्भी बन्धनों के जाल फैलाते जहाँ हैं;
दास्य-दाता बन्धुता के गीत-गुण गाते जहाँ हैं;
प्रकृत बर्बर सभ्यता का स्वाँग भर लाते जहाँ हैं;

साह बनकर चोर सब कुछ मूस ले जाते जहाँ हैं।
देखिए जिस ओर, है लोलुप लुटेरों का बसेरा।
क्या यही संसार मेरा?

देशफल की कामना से, पानकर हठ-मान हाला
पात्र जिसके हैं चढ़ाते काल को कंकाल माला
मार्ग की उल्का जहाँ वैधव्य की विकराल ज्वाला
भंग करती सन्धियों के अंग जिसकी रंगशाला
राग की किस मूर्च्छना ने हाय मुझ पर हाथ फेरा
क्या यही संसार मेरा?

अवश यौवन की अवस्थाएँ निरन्तर ढल रही हैं;
आधि-व्याधि-उपाधियाँ बल बुद्धि पाकर चल रही हैं;
सुहृत्स्वजनों की चिताएँ सतत सम्मुख जल रही हैं;
हम अबुद्धों को कहत निज हीनताएँ खल रही हैं?
मरण से भी कठिन जिसमें जटिल जीवन का निबेरा!
क्या यही संसार मेरा?

आह-दाह-कराह-क्रन्दन-कलह-कोलाहल मचा है;
द्वेष के ही राग से एकान्त अन्तस्तल रचा है।
बाष्प बनकर उठ रहा, जो विषमता का मल पचा है;
साँस लेने योग्य क्या जल-थल नभो मण्डल बचा है
जात रूप सुवर्ण में कलि-काल पैठा डाल डेरा!
क्या यही संसार मेरा?

हे प्रभो, कातर सरीखा मैं इसे क्या छोड़ जाऊँ?
क्षणिक आभा से, वणिक-सा गणित कर मुँह मोड़ जाऊँ?

आर्द्र अपनों के सदय सम्बन्ध क्यों कर तोड़ जाऊँ?
दे अरे कुछ तो मुझे, जिसको यहाँ मैं जोड़ जाऊँ?
नाथ, तुझको भी छिपाने जा रहा है यह अँधेरा!
क्या यही संसार मेरा?

निर्झर

शत शत बाधा बंधन तोड़,
निकल चला मैं पत्थर फोड़।

प्लावित कर पृथ्वी के पर्त्त,
समतल कर बहु गह्वर गर्त्त,
दिखलाकर आवर्त्त-विवर्त्त,

आता हूँ आलोड़-विलोड़;
निकल चला मैं पत्थर फोड़।

पारावार मिलन की चाह,
मुझे मार्ग की क्या परवाह,
मेरा पथ है स्वतः प्रवाह,

जाता हूँ चिरजीवन जोड़;
निकल चला मैं पत्थर फोड़।

गढ़कर अनगढ़ उपल अनेक,
उन्हें बनाकर शिव सविवेक,
करके फिर उनका अभिषेक,

बढ़ता हूँ निज नवगति मोड़;
निकल चला मैं पत्थर फोड़।

हरियाली है मेरे संग,
मेरे कण कण में सौ रंग,
फिर भी देख जगत के ढंग,

मुड़ता हूँ मैं भृकुटि मरोड़;
निकल चला मैं पत्थर फोड़।

धर कर नव कलरव निष्पाप,
हर कर सन्तप्तों का ताप,
अपना मार्ग बनाकर आप,

जाऊँ सब कुछ पीछे छोड़;
निकल चला मैं पत्थर फोड़।

है सबका स्वागत-सम्मान,
करे यहाँ कोई रस-पान,
मेरा जीवन गतिमय गान,

काल! तुझी से मेरी होड़;
निकल चला मैं पत्थर फोड़!

न हो सिद्धि, साधन तो है

न हो सिद्धि, साधन तो है
बुद्धि नहीं, न सही, पर मैंने पाया अपना मन तो है

यही बहुत जो इसे सँजोऊ
अधिक-हेतु क्यों रोऊँ-धोऊँ
सखा, सूत वा दूत न होऊँ

पर यह जन प्रभु-जन तो है
न हो सिद्धि, साधन तो है!

माना मुक्त नहीं हो पाया,
खींच मुझे यह बन्धन लाया
तब भी मेरी ममता-माया

मिला मुझे नर-तन तो है
न हो सिद्धि साधन तो है!

बाहर भी क्या आज खड़ा मैं
काले कोसों दूर पड़ा मैं देख
रहा हूँ किन्तु बड़ा मैं

तेरा खुला भवन तो है
न हो सिद्धि, साधन तो है!

घेरे है घनघोर अँधेरा
छिपा मुझी से सब कुछ मेरा
किन्तु आ रहा जो यह तेरा

पुण्य स्पर्श-पवन तो है
न हो सिद्धि, साधन तो है!

मेरा कण्ठ रुँधा है स्वामी,
पर तू तो है अन्तर्यामी
रहूँ मत्त मैं पर-पथ-गामी

संगी चिर चेतन तो है
न हो सिद्धि, साधन तो है!

कला

आ, नव-नव निर्देश धरे!
अयि करुणामयि कले, कल्पना कलित ललित तम केश धरे!
तेरी खींची रेखाओं में क्या-क्या अंकित नहीं हुआ?
चमक उठा वह भीतर बाहर ज्यों ही तूने जिसे छुआ!
बहुरंगिणि तेरे रंगों से कहाँ कौन रस कब न चुआ?
उतर विश्व की आँखों पर तू देश-देश का वेश धरे!
आ, नव-नव निर्देश धरे!

खुला चतुर्दिक नील गगन-सा चर्चा का चत्वर तेरा,
सुनते हैं आह्वान मुग्ध-से खगमृग भी सत्वर तेरा।
जड़ भी चेतन हो उठते हैं, कैसा अद्‌भुत स्वर तेरा!
उतर विश्व की कण्ठ नली में सीधा हृदय निवेश धरे!
आ, नव-नव निर्देश धरे!

अपने ही अन्तस को कोई किस प्रकार समझे बूझे,
किस प्रकार उत्साहित हो निज अश्रुबिन्दुओं से जूझे!
कैसे राम और रावण का भिन्न मार्ग हमको सूझे?
उतर विश्व की वाणी में तू, आ असंख्य आवेश धरे!
आ, नव-नव निर्देश धरे!

किसकी कसक मोहिनी बनकर जन को अमृत पिलाती है,
तेरी भूमि उपलतल पर भी कोमल कमल खिलाती है।
तू वह माया है जो उलटा हरि से हमें मिलाती है।
नहीं चन्द्र को, चन्द्रकला को सिर पर स्वयं भवेश धरे!
आ, नव-नव निर्देश धरे!

अच्छा तर्क उठाया

प्यारे, एक प्रश्न उठ आया
तूने मुझे बनाया है या मैंने तुझे बनाया।
यदि मैं ही कर्त्ता हूँ तेरा
तो कर्तृत्व मृषा क्या मेरा?
झूठा हुआ स्वयं तब तो मैं
दीखा अब तो और अँधेरा
अच्छा तर्क उठाया
प्यारे, एक प्रश्न उठ आया
यदि तू ही है कर्त्ता-धर्त्ता
और अन्त में सबका हर्त्ता
तो फिर क्यों प्रामाणिक मति से
बता मुझे मेरे भव भर्त्ता
मैंने तुझे न पांया
प्यारे, एक प्रश्न उठ आया
यदि प्रसिद्ध तू मेरी मति से
तो फिर मैं पाऊँ किस गति से
लज्जा से नतमस्तक होकर
यत्न करूँ क्या मन की रति से?
हाँ, अब तू मुसकाया
प्यारे, एक प्रश्न उठ आया।

शब्द

सागर भरा तुम्हारे घट में, विश्रुत तुम बहु वृत्त विधान;
भरे रहें भाण्डार तुम्हारे, अहो शब्द! ओ अर्थ निधान!

जननी सरस्वती के छौने, मधुर सलौने, शुचि-सोत्साह;
तुम्हीं खिलौने मुग्धामति के, तुम्हीं ज्ञान के पुतले वाह!
खेलो-कूदो, हँसो-हँसाओ, करो चित्त की पूरी चाह;
आह! तुम्हारे रोने में भी रहता है क्या रस-प्रवाह!

हे भावों के चित्र बोलते! गाओ तुम नित नव नव गान,
भरे रहें भाण्डार तुम्हारे, अहो शब्द! ओ अर्थ निधान!

जीते रहो, जगत है जब तक, तुम ध्वनि के जीवन-धन प्राण;
लो, अनुभूति-विभूति विश्व की, तुम्हीं करोगे उसका त्राण।
तुम सजीव संकेत हमारे, आत्म-सिद्धि के स्वतः प्रमाण;
तुम्हीं प्रकाशक सत्य-तत्त्व के तुम्हीं कल्पना के कल्याण!

तुम सुवर्ण पात्रों में, हम सब करें सदा कर्णामृत पान;
भरे रहें भाण्डार तुम्हारे, अहो शब्द! ओ अर्थ निधान!

वंचित

मरता सो कुछ भी करता है,
नर धरती से वंचित होकर पैर कहीं भी धरता है।

विप्लव करके भूखे-नंगे,
बन जाते हैं विकट तिलंगे,
करते हैं जो हानि, राज्य भी उसे कहाँ तक भरता है?
मरता सो कुछ भी करता है।
क्षुब्ध मनुज ही दनुज भयंकर,
होने जाता है प्रलयंकर,
वह देवों को दस्यु मान क्या, ईश्वर से भी डरता है।
मरता सो कुछ भी करता है।

हे जन, मत मरने दो जन को,
अपना लो उसके जीवन को,
धन तो तभी निखरता है जब, त्याग-तीर्थ में तरता है।
मरता सो कुछ भी करता है।

उठ, ओ वृहद्, विराट, विशाल

उठ, ओ वृहद्, विराट, विशाल!
उठ अमिताभ, लाभकर निज पद, लुटा लक्ष्य पर लाल!

जीवन के अरुणोदय में ही होमामोद पवित्र
फैल गया जगती में, तेरा बजे त्रिदिव-वादित्र
दो देशों के सन्धिपत्र में, ओ चिर चारु चरित्र
साक्षी होते थे तेरे ही इन्द्र, वरुण, वसु, मित्र
गूँजे तेरे ही मन्त्रों से जल, थल, नभ, पाताल
उठ, ओ वृहद्, विराट, विशाल!

बेध गयी वासुकि की मणि को तेरे मख की मेख
धर्म स्तम्भ उठे अम्बर में, शिलातलों पर लेख
जल पर नहीं, उपल पर तूने खींची अक्षय रेख
अब भी देश-विदेशों में निज शेष मूर्तियाँ देख
तेरे आदर्शों के आगे प्रणत हुआ भव-भाल!
उठ, ओ वृहद्, विराट, विशाल!

विश्व विजय के स्वप्नों में थे ग्रीस, रोम, ईरान
और, हो रहे थे बरबस वे बस-बस कर वीरान
तूने ही मैत्री-करुणा का गाया था तब गान

पाया था सम्पूर्ण अवनि में अग्रदूत का मान
एक बार तू उस अतीत की ओर दृष्टि तो डाल!
उठ, ओ वृहद्, विराट, विशाल!

दिया स्वहेतु महत्त्व न जिसको तूने किसी प्रकार
पर जिसके हितार्थ त्यागा था राज-पाट, घर-बार
बाट देखता है फिर तेरी वह व्याकुल संसार
सुन वह चारों ओर मचा है दारुण हाहाकार
जकड़ रहा है मकड़-जाल-सा उसे स्वयं निज-जाल!
उठ, ओ वृहद्, विराट, विशाल!!

स्वार्थ आज भी करा रहा है विषम विश्व-विद्रोह
सभ्य देश में, दस्यु दुराशय, बजा रहे हैं लोह
नहीं धर्म पर, धन-धरती पर अड़ा लोभमय मोह
पर अशोक-साम्राज्य-निदर्शन निष्फल था क्या ओह
तू ही सफल करेगा उसको, आ अपना व्रत पाल।
उठ, ओ वृहद्, विराट, विशाल!

देख रहे हैं सागर तेरे जलयानों की बाट
स्वागतार्थ आतुर, उत्सुक हैं उनके सारे घाट
मेटें तेरे बुद्ध-वीर फिर विषम युद्ध-विभ्राट
लूटपाट की, मारकाट की, नर-शोणित की चाट
हृदयहीन हिंसक बदलेंगे सहज न अपनी चाल!
उठ, ओ वृहद्, विराट, विशाल!!

उठ, फिर देव-पितर अम्बर में हुए आज समवेत
देने को उद्यत हैं तुझको स्वस्ति और संकेत
उठ, प्रत्यय, दृढ़ निश्चयपूर्वक, साहस-शौर्य समेत

पूर्व प्रसादों से शिक्षा ले, तज यह तन्द्रा, चेत।
अपने ही अधीन हैं अपने बंन्ध-मोक्ष चिरकाल!
उठ, ओ वृहद्, विराट, विशाल!!

विश्व मिलन का भार उठाकर बैठ न यों तू हार
"चित्ते दया, समर-निष्ठुरता" व्यर्थ और विस्तार
धर्म राम का, कर्म कृष्ण का, प्रेम बुद्ध का धार
और अहिंसा महावीर की, सर्व समन्वय-सार
कौन सँभाल सकेगा तुझको, स्वयं स्वरूप सँभाल!
उठ, ओ वृहद्, विराट, विशाल!!

तेरे ही स्वर का साधक है भव-भविष्य-सन्देश
किप्तु कण्ठ में पाश पड़ा है तेरे, मेरे देश
यह कैसा अपमान और हा! है यह कैसा क्लेश
आने दे तू आत्म-स्मृति का एक उष्ण आवेश
शीतल पाकर ही, चन्दन पर लिपटे हैं बहु व्याल!
उठ, ओ वृहद्, विराट, विशाल!!

बापू

गाँधी, तू तो गया, हाय! क्या
गया साथ ही तेरा गन्ध?
अथवा क्या अनुभूति-शक्ति ही
खो बैठे अपनी हम अन्ध?
तू जो हममें आया, यह तो
था कोई आकस्मिक योग,
हमें जान पड़ता है, अब भी
तेरे योग्य न थे हम लोग।
कुछ न सूझते अँधियारे में
उजियाला-सा आया तू,
और पुरातन भाव हमारे
फिर नूतन कर लाया तू।
कहें तुझे क्यों कर अपना ही,
तू तो भूमण्डल भर का,
सीमित कैसे हो सकता है
जन्म कहीं ऐसे नर का।
बना करोड़ों की नौका का
एक कुशल कांडारी तू,
रहा साथ ही सारे भव का
सुख-समृद्धि-भांडारी तू।

अर्पित अपने पुण्यों का फल
निखिल-निमित्त किया तूने,
पाप किया हमने, पर उसका
प्रायश्चित्त किया तूने!
हिली मिली गंगा-यमुना-सी
तुझमें आकर श्रद्धा-बुद्धि,
खिली प्रयागरूपिणी जिसमें
पुण्य तपोवन की-सी शुद्धि।
आया था हममें तू जय-सा
किन्तु अभय-सा चला गया;
दैव, हमारे वर्तमान से
क्या भविष्य भी छला गया?
छेड़े बिना किसी का तन भी
तू मन के भी पार गया,
प्रतिपक्षी ने भी तब जाना,
जब वह तुझसे हार गया!
जो तेरे निर्मल मन में था,
वही बुद्धि में वाणी में,
बुद्धि और वाणी में था जो,
वही क्रिया कल्याणी में।
आत्मा ही आत्मा था तू तो,
कहने को तेरे तनु था;
निज भविष्य-विकसित मनुष्य का
वर्त्तमान तू ही मनु था!
कृष्ण, बुद्ध किंवा ईसा का
मिलता कहाँ दरश हमको,
तात, यहाँ तुझमें तीनों का
मिला पुनीत परस हमको!

तू चिर मौनव्रती हुआ, पर
जीवन अब भी बोल रहा,
तेरा चरण-चिह्न हम सबका
परित्राण-पथ खोल रहा।
अपने लिए जगत जीता है,
तू जगती के लिए जिया,
और मरण भी सक्षम, तूने
नवजीवन-सा ग्रहण किया।
देश देश में, अधिक नहीं, यदि
एक एक तुझ-सा जन हो,
तो निश्चय अपनी अवनी पर
न्यौछावर नन्दनवन हो।
भौतिक सुख-समृद्धि के भीतर
सब कुछ भर पावे जड़वाद,
पर तेरा चेतन अपने से
करता कैसे आप प्रमाद?
पुरुष आज निज पशु-बल से है
पल में प्रलय मचा सकता,
पर तेरा पथ छोड़ उसे भी
कोई नहीं बचा सकता।
विजितों से भी अधिक आज के
विजयी हुए गये बीते,
वे तेरा सन्देश न सुनकर
देखें कब तक हैं जीते।
जगती गड़बड़ हुई, उसे फिर
अपने को गढ़ना होगा,
तुझसे ही उसके प्रकार का
पुण्य पाठ पढ़ना होगा।

कर में विस्फोटक है सबके
मुख में संसृति की सुख-शान्ति,
आज नहीं तो कल भूतल की
मेटेगा तू ही यह भ्रान्ति।
संशय से शंकित हम सबने
पाया तुझसे शुभ सन्देश–
'सत्य-अहिंसा को अपनाओ,
निर्भय हो जाओ सब देश!'
अपने कर्मों का फल हमको–
सबको ही–पाना होगा,
बापू, किन्तु यहाँ फिर तुझको
एक बार आना होगा।
अरे अजातशत्रु, तेरे जन
जब तक नरक सहें ऐसे,
किसी स्वर्ग में भी कह, तेरे
प्राण रह सकेंगे कैसे?
लौटा दो हे राम, उसे फिर
एक बार हम सबके बीच,
उसे छोड़कर क्या तुमसे भी
क्षमा पा सकेंगे हम नीच!
बापू, आज सभी आशाएँ
दृष्टि शून्य कर जाती हैं,
अंजलि और अर्घ्य देने को
आँखें भर भर आती हैं।

नबी के निर्देश

जब तक कन्धों पर चढ़ा धन के मद का भार,
सहज स्वर्ग की सीढ़ियाँ कैसे होंगी पार?
ज्ञान-लाभ के अर्थ जो, छोड़ गया निज गेह,
पथिक स्वर्ग के मार्ग का है वह निस्सन्देह।
ज्ञानी की मसि का कहीं कौन करेगा मोल,
बलिदानी का रक्त भी नहीं भरेगा तोल।
जो स्वजाति का भी कभी लेता अनुचित पक्ष,
जान-माऩ कर बन रहा वह पापी प्रत्यक्ष।
जो अनीति के युद्ध में खोता है निज प्राण,
मैं अपने दल का उसे दूँगा नहीं प्रमाण।
एक बार जो भूलकर फिर न करे दुष्कर्म,
तो आता है लौट फिर गया हुआ भी धर्म।
जहाँ पितर सन्तुष्ट हैं प्रभु दुगने सन्तुष्ट,
जहाँ पितर जन रुष्ट हैं, प्रभु हैं दुगने रुष्ट।
करती है विद्या सुगम स्वर्ग-लोक का पन्थ,
निःश्रेयस-सोपान-से समझो तुम सद्ग्रन्थ।
पर-धन-हारी, मद्यपी, व्यभिचारी, ठग, चोर,
'मोमिन' हो सकते नहीं कामी, कुटिल, कठोर।
खोटों से भी तुम सदा करो खरा बरताव,
डालेगी उन पर यही शिक्षा बड़ा प्रभाव।

देख किसी जन को यहाँ अबल, अकिंचन, दीन,
इसीलिए मानों न तुम उसे स्वधर्म-विहीन।
एक भूल करके नहीं होता कोई भ्रष्ट,
अनुचित है देना उसे कुछ सामाजिक कष्ट।
करके प्रभु का ध्यान जो पी जाता है रोष,
पीता है वह जगत में मानों अमृत अदोष।
हृदय नम्र होता नहीं जिस नमाज के साथ,
ग्रहण नहीं करता कभी उसको त्रिभुवननाथ।
जो कुछ करना हो उसे कर लो यहाँ तुरन्त,
अवधि बहुत ही अल्प है, क्या जानें, कब अन्त।
चाहो जो अपने लिए, वही और के अर्थ,
केवल स्वार्थ विचारना है अत्यन्त अनर्थ।
प्रभु ने दो दो कर दिये करो कमाई आप,
पराधीनता-सम नहीं और दूसरा पाप।
सद्गुण को समझो सदा खोया रत्न विशाल,
पाओ तुम उसको जहाँ अपनाओ तत्काल।
झूठे गौरव का मुझे तुम न बनाना पात्र,
मैं हूँ उस जगदीश का दूत और जन मात्र।

न्याय

"दिल्ली के सुल्तान, दुहाई! कहाँ जाय यह दास?"
एक अकिंचन रोता आया शेरशाह के पास।
"हम दीनों की स्त्रियाँ क्या करें, कहें स्वयं श्रीमान,
करते हैं युवराज आप जब अब उनका अपमान।
अबलों की अबलाओं को क्या रूप रंग भी शाप?
पाप विधाता करे और क्या दण्ड सहें वे आप?
मारें या पालें सेवक को, स्वामी आप समर्थ,
नहीं धर्म, कुल और मान क्या कुछ अधनों के अर्थ?"
शेरशाह सुन सन्न हो गया नत करके निज भाल,
हुए परन्तु दूसरे ही क्षण उसके लोचन लाल।
डाली दृष्टि पुत्र पर उसने करके निज भ्रू-भंग,
था हो गया प्रथम ही जिसके मुँह का रंग-कुरंग।
मौन देखकर उसे और भी वह हो उठा कठोर,
"समझ लिया" कह देखा उसने सभासदों की ओर।
कहने चला एक जन कुछ तो उसे हाथ से रोक,
बोला यों अपराधी सुत का न्यायी पिता सशोक।
"बन्धु, व्यर्थ मेरा विषाद है और तुम्हारा वाद,
मान्य खलीफा का न्यायासन मुझे आ रहा याद।
नदी-तीर, बगदाद नगर के बाहर, वन में, दूर,
कुटी-वासिनी एक अविधि थीं, छविनिधि से भरपूर।

दोपहरी में लेटी थी वह बन्द किये निज द्वार,
बाहर से सुन पड़ी अचानक उसे अधीर पुकार,–
"मैं हूँ, जिसे खड़ा रहना भी चढ़ना एक पहाड़,
आर्त्त अतिथि को टुक आश्रय दो, खोलो बन्धु, किवाड़।"
झाँक झषदृषी ने उठ देखा–एक तरुण विक्रान्त,
अश्व-सहित धर्माक्तकलेवर अरुणवदन अति श्रान्त।
शंका के ऊपर उठ उभरा उसका सकरुण भाव,
द्वार खोल बढ़ बोली सुमुखी–"आओ भाई, आव।"
उसे देखते ही मूर्च्छित-सा आगत हुआ सचेत!
मिला खाट की ओर अधिक-सा उसे सुकर-संकेत।
बैठ गया वह और सुन्दरी भीतर हुई प्रविष्ट,
लाई शीघ्र सुगन्धित शीतल सलिल शर्करा-मिष्ट।
"मधुर भाव ही शुभे, तुम्हारा था मुझको पर्याप्त,
रोम रोम शीतल है मेरा तदपि तृषा से व्याप्त!
यहाँ कौन तुम रहती हो यों, विस्मित मैं यह सोच,
निर्भय निज परिचय दो मुझको, रहने दो संकोच।"
"श्रीमन्, एक वीर-वनिता मैं, पर अभागिनी हाय!
जीवन यापन करती हूँ अब निर्जन में निरुपाय।"
"आहा! किन्तु स्ववश है अब भी सुतनु, तुम्हारा भाग्य,
वंचक ही होता है बहुधा यौवन का वैराग्य।
मान खलीफा का आत्मज युवराज आप अब्बास
प्रिये, तुम्हारा प्रार्थी हूँ मैं, मानों तुम विश्वास।"
बढ़ा दिये यह कहकर उसने आतुर दोनों हाथ,
पर पीछे हट गयी भामिनी घूम घृणा के साथ।
धरने चला उसे तब कामी, बोल उठी वह काँप–
"इसीलिए क्या दूध पिलाया मैंने तुझको साँप!"
झपट निकल दौड़ी झट घर से सरिता तट की ओर,
आ पकड़ा पीछे से खल ने अंचल पट का छोर!

लौट पड़ी सिंही-सी साध्वी, बना रूप विकराल,
"नर, न सही, नारी तो हूँ मैं, शव तो नहीं शृगाल!"
तड़प तीक्ष्ण तड़िता-सी तत्क्षण, अधर चाँप, पद रोप,
दीखी गला दबाती अरि का उभय करों से कोप!
रुद्धकण्ठ हो अवश अधर्मी पड़ा धूल-सी चाट;
भाग घुसी विधवा फिर घर में, लगे तुरन्त कपाट।
इसी समय अश्वों के रव से गूँज उठा वह प्रान्त,
धूल झाड़ अब्बास आप भी उठा आर्त्त उद्भ्रान्त।
उसे देख मृगया के बिछुड़े साथी हुए प्रसन्न,
होना पड़ा किन्तु विधवा को पीछे पुनः विपन्न।
खो बैठी घर भी अपना वह वरहीना इस वार,
किया एक दिन राजजनों ने आ उस पर अधिकार।
"जाय, धरा-धन-धाम गया तो, अक्षत रहा सुधर्म।"
डरे किसे सच्चा धार्मिक जन, करे क्यों न निज कर्म?
खड़ी हो गयी थी कुलबाला ज्यों युवराज-विरुद्ध,
राजशक्ति के भी विरुद्ध उठ खड़ी हुई वह क्रुद्ध।
भरी खलीफा की थी अनुपम राजसभा भरपूर,
गुणी और ज्ञाता थे जिसमें कृती, व्रती, बुध, शूर।
जा पहुँची पागल-सी प्रमदा बाधा-विघ्न न मान,
प्रकट देवदूती-सी दयिता पड़ी सभी को जान!
सुना गयी तर्जनी तानकर वह वृत्तान्त विशेष,
रहे देखते उसका मुँह सब अचरज से अनिमेष।
"उचित न्याय करके उत्तर दें मुझे स्वयं सम्राट,
अथवा देखूँ प्रभु-समक्ष मैं अन्तिम दिन की बाट?"
बोला तब युवराज किसी विध—"इसका साक्षी कौन?"
"मैं हूँ" आप खलीफा बोले—"उठ, प्रतिवादी, मौन।
जा, वादी के साथ खड़ा हो" कहा उन्होंने रूठ
"ऐसी निर्भय वाणी भी क्या हो सकती है झूठ?

सच कहने में भी डरती है अबला ऐसी बात,
झूठ कहेगी फिर कैसे वह कोई वैसी बात।
इतनी भी आशा क्या तुझसे करूँ न मैं इस बार,
पाप कर्म करके तू उसको करे सहज स्वीकार?"
एक सभ्य ने कहा "देव, यह कैसी आज्ञा आज?"
कहाँ एक साधारण युवती, कहाँ मान्य युवराज?"
किन्तु खलीफा की वैसी ही बनी रही भ्रू वंक—
"न्यायी के सम्मुख समान हैं दोनों—राजा-रंक।"
"आज्ञा अटल रही, अपराधी उठा अवश नतभाल,
किन्तु खड़ा रह सका न वह, गिर पड़ा काँप तत्काल।"
शेरशाह रुक देख पुत्र की ओर पुनः सक्रोध,
बोला फिर अपने प्रार्थी से देकर उसे प्रबोध।
"आज्ञा देता हूँ मैं तुमको, अन्तःपुर में जाव,
और करो इसकी गृहिणी से तुम यथेच्छ बरताव।"
काँप उठे सब सुनकर उसका गुरु-गभीर घन-घोष;
"क्षमा-क्षमा!" बोला प्रार्थी ही—"युवराज्ञी निर्दोष।"
शेरशाह ने कहा—"क्षमा का सुजन, तुम्हें अधिकार,
अस्तु और जो कहो, करूँ मैं, हो जिससे परिहार?
जो है प्राप्य तुम्हारा उसका करो भले तुम त्याग,
पति के पाप-पुण्य दोनों में पत्नी का भी भाग।"
"मैंने सब भर पाया स्वामी, और क्या कहूँ हाय!
सुन लूँ मैं बस यही—हुआ क्या उस नारी का न्याय?"
"छोड़ दिया नर होकर तुमने अपना आप अराति,
फिर वह तो थी दया-क्षमा की निधि ही नारी जाति।"

क्षुब्ध पारावार

छोड़ मर्यादा न अपनी वीर, धीरज धार,
क्षुब्ध पारावार, मेरे क्षार पारावार!

रोक सकता है तुझे क्या मृत्तिका का तीर
थाम अपने आपको तू ओ अतल गम्भीर
व्यर्थ मटमैला न हो वह नील निर्मल नीर
ताप-दुस्साशनदलित भू-द्रौपदी का चीर

सुन अमर्यादा प्रलय का खोल देगी द्वार
क्षुब्ध पारावार, मेरे क्षार पारावार!

ये गले-पिघले हुए पर्वत सदृश कल्लोल
ग्रास करने जा रहे हैं कह, किसे मुँह खोल
ये सलिल-वातूल अपने तनिक तू ही तोल
वेग वह वेला वराकी सह सकेगी बोल?

धीर, अपने ही हिये पर झेल उनका भार
क्षुब्ध पारावार, मेरे क्षार पारावार!

हाय! जल में भी जले जो, एक ऐसी आग
जान ले तब प्राकृतिक है यह प्रबल उपराग
उचित ही यह हाँफना, यह उफनना ये झाग
पर ठहर प्रभविष्णु तू न सहिष्णुता को त्याग

काट दे बन्धन सहित सब कुछ न तेरी धार
क्षुब्ध पारावार, मेरे क्षार पारावार!

मथित है, हृतरत्न है, फिर भी नहीं तू दीन,
देवकार्य-निमित्त था वह योग एक नवीन
पूछ देख, अनन्त कवि तेरे हृदय में लीन
अचल-सा यह विश्व है तुच्छातितुच्छ विहीन

तू बड़े से भी बड़ा, उस त्याग को स्वीकार
क्षुब्ध पारावार, मेरे क्षार पारावार!

क्या अमृत के अर्थ है यह भीम तेरा नाद
तो गरल भी तो गया फिर कौन हर्ष-विषाद
जानते हैं जलद तेरे क्षार जल का स्वाद
और जगती को जनाते है सदा साह्लाद

ओ मधुर-लावण्यमय, तू छोड़ क्षोभ विकार
क्षुब्ध पारावार, मेरे क्षार पारावार!

विकल है यदि तू दिवंगत देख मंजु मयंक
तो निरख, उसको मिला है अंचल ऊँचा अंक
इष्ट सबका रस-सा वह राव हो या रंक
वह वहीं कृतकृत्य है रह तू यहाँ निःशंक

देखकर सद्गति किसी की उचित क्या चीत्कार
क्षुब्ध पारावार, मेरे क्षार पारावार!

रस हमीं हम में यहाँ बस, ठीक है यह बात
किन्तु रक्खे एक सीमा सौभ्य तेरा गात
अखिल में अनुभूति अपनी प्राप्त तुझको तात
सरस है सारी रसा पाकर सलिल संघात

मिल हुआ दिव भी तुझी में दूर एकाकार
क्षुब्ध पारावार, मेरे क्षार पारावार!

वस्तुतः यह क्षोभ तेरा या अतुल उल्लास
हाय उपजाती बड़ों की मौज भी है त्रास
सह्य तेजोमय किसे रवि का अखण्ड विकास
और भोलानाथ हर का हास ताण्डव रास

ध्वंस के ही साथ क्या निर्माण का व्यवहार
क्षुब्ध पारावार, मेरे क्षार पारावार!

शान्त ओ गम्भीर, ओ उत्ताल, जल-जंजाल
व्योम तेरी ऊर्मि में, आवर्त्त में पाताल
व्यथित तेरे वाष्प की रसवृष्टि ही चिरकाल
है हरा रखती धरा को दे सुमुक्ता-माल

एक तेरे अंक में है यानगत संसार
क्षुब्ध पारावार, मेरे क्षार पारावार!

देख अपनी ओर तू ओ घोर सुन्दर! सार!
लाख रत्नों से भरे तेरे धरे भाण्डार
लाख लहरों का सदा तुझमें रहे संचार
लाख धाराएँ करें तेरे लिए अभिसार

साख एक बनी रहे, बन्धन नहीं, वह हार
क्षुब्ध पारावर, मेरे क्षार पारावार!

शुद्धि

सरिता तट पर था छोटा सा हरियाली का पुंज,
वृक्ष लता गुल्मों ने मिलकर बना लिया था कुंज।

करके स्नान वहाँ कोई द्विज हुआ ध्यान में मग्न
पर दुर्भाग्य, निकट ही धोबी था स्वकार्य-संलग्न।

चींटों से छींटों ने आकर भंग कर दिया ध्यान
निकला कोप-कृपाण विप्र का छोड़ क्षमा का म्यान।

"अरे नीच, क्या फूट गये थे तेरे दोनों नेत्र?"
विप्र रोष-वश रजकदोष-वश कम्पित थे वन वेत्र!

अपराधी पर रौद्र रूप ने डाली दृष्टि कराल
किन्तु जलाया किया उसी को उसका ज्वाला जाल

हाथ जोड़ नतमस्तक धोबी खड़ा रहा चुपचाप
बकझक करके फिर ब्राह्मण ने कहा आप ही आप

"करना होगा मुझे शीत में पुनः सचैल स्नान।"
"सो तो मुझको भी!" वह बोला, "क्षमा करें भगवान।"

“तुझको भी?” फिर उग्र हो उठा द्विज, “तुझको भी स्नान?”
“हाँ, मुझको भी देव, आपके अशुचि शरीर समान

हुआ आपकी शुचिता का है इन छींटों से लोप
किन्तु छू गया है मुझको भी अशुचि आपका कोप!”

यह सुनकर द्विज सन्न हो गया, नत था उसका भाल
नहीं रोष से, अब लज्जा से था उसका मुँह लाल।

देख रजक की ओर अन्त में उसने कहा सखेद
“तात, क्षम्य तुम नहीं, स्वयं मैं, मिटा किन्तु भ्रम-भेद,

धुलकर नहीं वसन ही तुम से रहे सुयश-से फैल
धो डाले तुमने इस जन के मन के भी सब मैल।”

नागरी और हिन्दी

(1)

है एक-लिपि-विस्तार होना योग्य हिन्दुस्तान में—
अब आ गयी यह बात सब विद्वज्जनों के ध्यान में।
है किन्तु इसके योग्य उत्तम कौन लिपि गुण आगरी?
इस प्रश्न का उत्तर यथोचित है उजागर—'नागरी' ॥

(2)

समझें अयोग्य न क्यों इसे कुछ हठी और दुराग्रही,
लिपियाँ यहाँ हैं और जितनी श्रेष्ठ सब से है यही।
इसका प्रचार विचार से कल्याणकर सब ठौर है,
सुन्दर, सरल, सुस्पष्ट ऐसी लिपि न कोई और है ॥

(3)

थोड़ी बहुत सर्वत्र ही यह समझ ली जाती यहाँ,
व्यापक न ऐसी एक भाषा और दिखलाती यहाँ।
हो क्यों नहीं इस देश की फिर मुख्य भाषा भी यही,
है योग्य जो सबसे अधिक हो क्यों न अंगीकृत वही?

(4)

है कौन ऐसी बात जो इसमें न जा सकती कही?
किस अर्थ की, किस समय, इसमें, कौन सी त्रुटि है रही?
सब विषय-वर्णन-योग्य इसमें विपुल शब्द भरे पड़े,
हैं गद्य-पद्य समान इसमें सरस बन सकते बड़े ॥

(5)

यद्यपि अभी तक देश के दुर्भाग्य से यह दीन है,
पर राष्ट्र-भाषा-योग्य यह किस श्रेष्ठ गुण से हीन है?
होवे भले ही कौमुदी कृश कृष्णपक्ष-प्रभाव से,
पर कुमुद मुद पाते नहीं क्या देख उसको चाव से?

समन्वय

हर हर महादेव हर हर!
नारायणमय हो नर-नर।

केवल नीति न कोरा बल हो, उभय समन्वय पावें,
मिटें विषमताएँ हम सबकी सब समत्व पर आवें।
तम से ज्योति, असत् से सत् की ओर सतत हम जावें,
कालसर्प को रज्जु बनाकर खींच अमृत घट लावें।

पियें अभय-रस मन भर-भर,
हर हर महादेव हर हर।

एक पन्थ के पथिक सभी हम, सबकी एक इयत्ता
इष्ट परस्पर परिचर्या रत प्रेममयी परवत्ता।
व्यष्टि व्यष्टि की विशिष्टता से बढ़े समष्टि-महत्ता,
रहे सत्य सुन्दर दोनों पर हे शिव, तेरी सत्ता।

बहे सुगति गंगा झर झर,
हर हर महादेव हर हर!

जयिनी

(जेनी की वाटिका)

मार्क्स

राम! राम! कितनी भयंकर विषमता!
लौकिक ही होती कहीं आध्यात्मिक समता।
आयी यह जेनी अहा! जयिनी हृदय की;
प्रणय, करेगा पूर्ति क्या तू परिणय की?

जेनी

सुप्रभात मार्क्स! जेनी जयिनी नहीं कहाँ?
ध्यान करते ही सुना—आये तुम हो यहाँ!
किन्तु कुछ चिन्तित-से दीखते हो तुम क्यों?
भाराक्रान्त तुहिन-कणों से भी कुसुम ज्यों।
ऊपर सुनील नभ, नीचे है हरी धरा,
मन्द गन्ध मारुत से मध्य भाग है भरा।
चारों ओर उज्ज्वल प्रकाश, पुष्प-हास है;
फिर भी तुम्हारा मन आज क्यों उदास है?
प्यारे, इस हर्ष में विषाद क्या उचित है?
मेरा मन भी लो, हुआ क्लेश-कलुषित है!
दुःख ही उदार है क्या? संकुचित सुख है?
बन्धु कहो, दीन क्यों तुम्हारा मंजु मुख है?

पाकर गभीर तुम्हें डूबी जा रही हूँ मैं;
हँस के उबारो मुझे, ऊबी जा रही हूँ मैं।

मार्क्स

जेनी, हा! मनाऊँ किस बात पर हर्ष मैं?
देखता हूँ चारों ओर घोर अपकर्ष मैं।

जेनी

घोर अपकर्ष? मार्क्स, कहते हो यह क्या?
अपना मिलन बन आया है विरह क्या?

मार्क्स

हा प्रिये! मैं लज्जित हूँ, तुम यह रो उठीं?
देख के भविष्य मेरा मानो धैर्य खो उठीं।

जेनी

यह क्या? भविष्य का क्या तुमको कसाला है?
मार्क्स, जो अदृश्य, वह उज्ज्वल भी काला है।
छोड़ दो भविष्य भगवान ही के हाथ में;
देखो वर्तमान तुम आज मेरे साथ में।

मार्क्स

किन्तु कैसे दृष्टि फेरूँ उससे, जो लक्ष है?
दीख रहा आप ही जो आकर समक्ष है?

जेनी

मार्क्स, वह कौन है? क्या जेनी से विभिन्न है?

मार्क्स

जेनी, हाय जेनी! हुआ जी तुम्हारा खिन्न है।
बात कहता था प्रिये, मैं कर्त्तव्य कर्म की,

बाधा-व्यथा-वेदना ही जिसमें है मर्म की!
भय क्या? मरण भी भला है निज धर्म में।

जेनी

बन्धु, कौन बाधा है तुम्हारे उस कर्म में?

मार्क्स

कारागार! निष्कासन!—काँप उठीं तुम ये?

जेनी

मैं ही नहीं, काँप उठे सारे लता-द्रुम ये!
विप्लव करोगे तुम? बोलो, किस सत्ता से?

मार्क्स

(हँसकर)

जेनी, यदि मैं कहूँ, तुम्हारी ही महत्ता से?

जेनी

(आश्वस्त होकर)

तो भय नहीं है मुझे, चिन्तित क्यों व्यर्थ हूँ;
विद्रोही, तुम्हें मैं दण्ड देने को समर्थ हूँ।
रात के तिमिर और दिन के प्रकाश में
बाँध लूँगी चाहे जब यों ही भुज-पाश में!
(गले में हाथ डाल देती है)
बन्दी कर रखूँगी तुम्हें मैं निज दृष्टि में!

मार्क्स

कौन दया चाहे यह दण्ड छोड़ सृष्टि में?
किन्तु क्षमा-प्रार्थना ही योग्य है आधीन को;

देवि, दया-दान करो तुम इस दीन को।

जेनी

(चौंककर)

दीन तुम? तो क्या तुम जेनी के धनी नहीं?

मार्क्स

कांते, क्रीत दास हूँ तुम्हारा मैं, रहूँ कहीं।

जेनी

क्रीत क्या हुए हो तुम मार्क्स, मेरे धन से?

मार्क्स

मानधने, पूछो यह अपने ही मन से।

जेनी

बात फिर कैसी यह तुच्छ धन की भला?

मार्क्स

दैन्य की ही ओर मेरा जीवन चला-चला।

जेनी

दैन्य की क्षमा लो किसी कंचनी कराला से,
चर्चा तुल्य-शील ही की ठीक कुल-बाला से।

मार्क्स

राज-कुल-बाला तुम, किन्तु मानी दीन मैं,
काँटों-भरे पथ का पथी हूँ गृह-हीन मैं।

जेनी

कैसी बात? प्यारे, तुम कहते हो क्या अहो!

समझी नहीं मैं कुछ, कैसे समझूँ कहो?
चारों ओर से हैं मुझे गान ही बुला रहे,
और केन्द्र उनके तुम्हीं हो, जो रुला रहे।

मार्क्स

रो रहा है मेरा मन, कैसे हँसूँ-गाऊँ मैं?
देने के लिए हैं अश्रु, मुक्ता कहाँ पाऊँ मैं?

जेनी

दोगे जो मुझे तुम उदार, वही लूँगी मैं,
अश्रु न दो हाय! तुम, मुक्ता वार दूँगी मैं।

मार्क्स

प्रेयसि, तुम्हारा लक्ष्य क्या है इस लोक में?

जेनी

बन सकती मैं कहीं सान्त्वना ही शोक में!

मार्क्स

देखो, तब दया नहीं, न्याय-दृष्टि डाल कर,
नहीं कहीं ठौर जिन्हें वसुधा विशाल पर।
देख नहीं सकते जो आप अपने को भी,
भोग नहीं सकते सुखों के सपने को भी,
जींवन-प्रदीप सदा जिनके बुझे-बुझे!

जेनी

मार्क्स, उन दीनों पर आती है दया मुझे।

मार्क्स

आर्ता अपने पर मुझे तो घृणा आप ही;
पाते पराधीन वे हमारा महापाप ही।

और, हम भोगते हैं जो उनका भोग है;
बलि उनकी है, और हा, हमारा योग है!
पशु वे हमारे, हम उनके वधिक हैं;
शून्य हाथवाले वही संख्या में अधिक है!

जेनी

करते हैं हम तो परन्तु दया-दान ही।

मार्क्स

मानता हूँ उनका उसे मैं अपमान ही!
भिक्षा-तुल्य मिलता उन्हें है जो कभी, कहीं,
उससे अधिक प्राप्य उनका सभी कहीं।
किन्तु ऐसे भी हैं—और अधिक वही यहाँ—
दान ही सही, जो कुछ देते हैं, उन्हें कहाँ?
पूर्व के विशिष्ट किसी विज्ञ का कथन है—
करता उपार्जन धनी जो लोक धन है,
बाँट नहीं देता उसे लोक में ही त्याग से,
दण्डनीय ही है वह शासन-विभाग से।

जेनी

दण्डनीय कैसे वह? कृपण बना रहे।

मार्क्स

दस्यु वह, पर धन को जो अपना कहे।

जेनी

परधन?

मार्क्स

जेनी, सुनो, आदि में ही भूल है;
धन-रूपी फल का परिश्रम ही मूल है।

किन्तु श्रमियों को फल मिलता है कितना?
पूँजीपतियों का नहीं जूठन भी जितना!

जेनी

किन्तु पूँजी?

मार्क्स

पूँजी नहीं, लूट ही उसे कहो,
दूसरों को ठगकर जोड़ी जो गयी अहो!
दासता की नींव यही व्यक्तिगत नीवी है;
खाता दूसरा ही है, कमाता श्रमजीवी है।
उत्पादन जिसका, विभाजन भी उसका,
किन्तु अन्न छोड़कर भागी वही भुस का!

जेनी

मार्क्स, मार्क्स, बुद्धि जिसकी है, बल उसका!

मार्क्स

भद्रे, किन्तु अर्थ यहाँ होगा छल उसका?
हाय! यह बुद्धि का क्या भीषण प्रयोग है,
देता एक को जो लूट सौ का सुख-भोग है।
पूँजीपति अथवा महाजन ही बन के,
होकर धराधिकारी शासक भुवन के,
एक-एक सौ-सौ को सुसभ्य बने मूसते,
मांस-रक्त खा-पीकर हड्डियाँ हैं चूसते!
दिन-भर संग दौड़ अहृदय यन्त्रों के,
एक टुकड़ा ही हाथ आता परतन्त्रों के।
बच्चे इस ओर जब भूखे ऊँघ जाते हैं,
कुत्ते उस ओर के मलाई सूँघ जाते हैं।
ब्राह्मणों ने माना एक पाप महायन्त्रों को,

सुनो इसे, और देखो दीन यन्त्रों-तन्त्रों को!
दास-प्रथा नित्य नया जन्म यहाँ ले रही,
और सब ओर घोर शाप हमें दे रही।

जेनी

मानो जो अदृष्ट तुम, तो सन्तोष पाओ तुम;
और जो न मानो मार्क्स, तो यह बताओ तुम—
राजगृह में है जन्म लेता एक जन क्यों?
दूसरे का रंक की कुटी में है जनन क्यों?

मार्क्स

रहने दो बातें ये अदृष्ट की, परोक्ष की,
सामने खड़ी हैं यहाँ साधनाएँ मोक्ष की।
छोड़ दो अदृष्ट को अदृष्ट ही पनपने,
देखने को क्या कम है सामने ही अपने?
आश्रयी तो आश्रय उबारने को देते हैं,
हार बैठने को हम दैवाधार लेते हैं।
हाथ-पैर और मनोबुद्धि रहते हुए;
बैठ नहीं सकता मैं 'दैव!' कहते हुए।
जो है आत्मविश्वासी वही तो अस्तिवादी है,
चाहे परमात्मा के विषय में प्रमादी है।
कृत्रिम है वह भी जो भेद राजा-रंक का,
टीका समदर्शिता के ऊपर कलंक का।
जन्मना सभी हैं एक, सबमें है समता,
फैलाई हमीं ने छल-बल से विषमता।
कहता नहीं मैं, लोक धनियों से हीन हो,
चाहता यही हूँ, कहीं कोई भी न दीन हो।
आत्मसमदर्शिता, जो आध्यात्मिक ही रही,
देखूँ उसे भौतिक भी, इष्ट मुझे है यही।

जो सिद्धान्त, जो आदर्श बुद्धिगत पाऊँ मैं,
जैसे बने कैसे व्यवहार में न लाऊँ मैं?
ऋषि-मुनियों का वह त्याग स्वयं लूँगा मैं,
अर्थ को अनर्थ किन्तु रहने न दूँगा मैं।
व्यक्तिगत मेरा परमार्थ मेरे हाथ है।
किन्तु इस सृष्टि में समष्टि मेरे साथ है।
अच्छा, क्यों अभागों पर आती है तुम्हें दया?

जेनी

अब तो दया में भी अशक्ति दोष आ गया!
मार्क्स, कैसे अपनी महत्ता भी कहूँ इसे—
विप्लव से मेटने चले हो तुम यों जिसे?
जानों इसे प्रेरणा ही प्रभु की, प्रकृति की।

मार्क्स

तुमने विषाद में भी बात कही धृति की।
प्यारी, वह प्रेरणा मुझे भी हुई जान लो;
मुझको हँसो तो हँसो, मेरी बात मान लो।
सौ अनाथ बालकों का लालन हो जिससे,
सौ निरीह नारियों का पालन हो जिससे,
एक पापी पैतृक परम्परा के नाम पर
मारता है वह धन, वारता है काम पर।
पैतृक गुणों का नहीं गन्ध जिस जन में,
पूर्ण अधिकार उसका भी पितृ-धन में।
जोतते हैं, बोते हैं, किसान रक्त सींच के,
रिक्त कर तो भी घर आते आह खींच के।
उत्तमर्ण हैं जो अधमर्ण सदा रहते,
कौन-सा अभाव है, जिसे वे नहीं सहते?
वश चलता तो भले मानुस क्या छोड़ते,
वायु-कर भी वे साँस लेने पर जोड़ते!

भूमि पर भाग हम सबका समान है,
किन्तु कितनों को यहाँ बैठने का स्थान है?
हा! इस विषमता से क्या अनर्थ होते हैं—
स्थान बिना भ्राता-भगिनी भी संग सोते हैं!
देखो स्वार्थियों के इस उग्र अविचार को,
सतियाँ सतीत्व बेच पालें परिवार को!

जेनी

बस, बस, मार्क्स, हा! मैं सुन सकती नहीं,
विस्मय! तुम्हारी यह वाणी थकती नहीं।
जान पड़ता है, मैं खड़ी हूँ उन्हीं दीनों पर,
धन-जन-अन्न-आशा-आश्रय-विहीनों पर!
पिसते हैं मानों इन पैरों से अभागे वे,
मृत्यु-मूर्ति-सी ही मुझे देखते हैं आगे वे!
यह हरियाली खिंच आयी उन्हीं सूखों की!
मेरी परितृप्ति क्या है, रोटी उन्हीं भूखों की!
मेरी वेश-भूषा लुटी लाज उन्हीं नंगों की!
रक्त से उन्हीं के बढ़ी लाली इन अंगों की!
मैं नहीं हूँ, मैं नहीं हूँ राजकुल-नन्दिनी;
दण्ड दें मुझे वे, मैं उन्हीं की न्याय-वन्दिनी!
प्रतिभू उन्हीं के तुम, आज्ञा दो मुझे अहो!
प्रस्तुत हूँ सहने को—करने को, जो कहो।

मार्क्स

होकर मैं पूरा और पक्का इसी धुन का,
प्रतिभू अवश्य हुआ चाहता हूँ उनका—
उग्र अनुभूति, किन्तु वाणी नहीं जिनमें,
प्राण तो हैं, किन्तु कोई प्राणी नहीं जिनमें,
एक हैं जो, किन्तु ऐक्य भाव नहीं जिनमें,
ताप से भरे हैं, किन्तु ताव नहीं जिनमें,

जाता हूँ उठाने उन्हें—बुद्धि का वरण हो।
जागो श्रम जीवी जन, संघ के शरण हो।
आया हूँ नहीं मैं प्रिये, आज्ञा तुम्हें देने को,
आवेदन लाया हूँ अनुज्ञा-मात्र लेने को!
चिन्ता मुझे काँटों की नहीं है निज पथ में;
विचरो परन्तु तुम मेरे मनोरथ में!
प्रेयसि, प्रकृति-संग खेलो तुम फूलों से,
किन्तु मैं पुरुष, मुझे जूझना है शूलों से।
लेकर तुम्हारी शुभ कामना बढ़ूँगा मैं,
फूली-फली देख तुम्हें शूली भी चढ़ूँगा मैं।

जेनी

मार्क्स, तो क्या आये तुम आज मुझे त्यागने?
एक अबला के तुच्छ भार से भी भागने?
साथ लेने योग्य भी नहीं मैं महत्कर्म में?
अर्द्धांगिनी नर की है नारी ब्रह्मधर्म में।

मार्क्स

क्योंकर सहोगी दुःख, तुम सुख से पली?

जेबनी

खिलती नहीं क्या कांत, कंटकों में भी कली?—
उसका विटपि यदि देता उसे रस है।
और सहना ही तो हमारा बड़ा बस है।

मार्क्स

फिर भी नरों के लिए क्या यही उचित है?

जेनी

मार्क्स, नर-नारी का विभिन्न कहाँ हित है?

मार्क्स

प्यारी, आ पड़ेगा सो सभी कुछ सहूँगा मैं,
किन्तु आर्त देख तुम्हें क्योंकर रहूँगा मैं?

जेनी

कायर! इसी से मुझे छोड़कर जाते हो?
भिन्न अपने से सुख-दुःख मेरा पाते हो?
ऐसी दयनीय लुंज-पुंज पथ-बाधा मैं?
किन्तु यह ध्यान रहे, बाँट लूँगी आधा मैं?

मार्क्स

मेरा महात्याग तुम्हीं होगी, मैं करूँ जिसे।

जेनी

अकरुण! त्याग नहीं हत्या कहना इसे!
छोड़ जाना चाहते हो सुख के लिए मुझे?
बन्धु, तुम वैरी न हो ऐसे विष के बुझे।
बोलो, तुम्हें छोड़कर मैं क्या सुख पाऊँगी?
यह मुख देख सब दुःख भूल जाऊँगी।
चाहे सहधर्मिणी के योग्य नहीं हूँगी मैं,
पानी तो परन्तु एक पात्र भर दूँगी मैं।
देखो न हा! धिक सुकुमार मेरे तन को,
प्यारे, मत भूलो इस मान-भरे मन को।
चिन्ता क्या मुझे है किसी सांसारिक शूल की?
मैं तो तितली हूँ उस मानस के फूल की।
(छाती पर सिर रख देती है)

मार्क्स

आओ तब, दिव्य मनवाली, भव्य देहिनी,
सचिव, सखी हो तुम और मेरी गेहिनी।

जेनी

जर्मनी के मार्क्स तुम, आज हो जगत के,
जेनी बिकी तुम पर आश्रय अगत के!

(गान)

चलों, चलें हम प्यारे!
मिलकर आज यहाँ, जीवन में न हों कहीं भी न्यारे।
क्या अभाव, क्या भय अब हमको, बजे प्रेम-जय-भेरी;
चलूँ तुम्हारी छाँह गहे मैं, बाँह गहे तुम मेरी।
रहें तुच्छ सुख सारे।
चलो, चलें हम प्यारे!
अपना सोच मुझे क्या, तुमने औरों का दुख भोगा,
देश विदेश हमें क्या, सारा विश्व हमारा होगा।
परिजन सभी हमारे।
चलो, चलें हम प्यारे!
बाहर सब सर्वत्र तुम्हारा, केवल भीतर मेरा;
तुमसे साँझ मिले प्रिय, मुझको; मुझसे तुम्हें सबेरा
ताकें ऊपर तारे।
चलो, चलें हम प्यारे!
चलो, अभावों में भी भव के; उचित भाग हम ले लें;
मन मेरा है, बुद्धि तुम्हारी, दोनों हिल-मिल खेलें;
जायँ परस्पर वारे।
चलो, चलें हम प्यारे!
मैं धनियों को भाव-दान दूँ, तुम दीनों को भाषा;
सत्य सभी सह सकें तुम्हारा, यह मेरी अभिलाषा
रहे शुभाशा धारे।
चलो; चलें हम प्यारे!

भारत का झण्डा

भारत का झण्डा फहरै।
छोर मुक्ति-पट का क्षोणी पर,
छाया करके छहरै॥
मुक्त गगन में, मुक्त पवन में,
इसको ऊँचा उड़ने दो।
पुण्य-भूमि के गत गौरव का,
जुड़ने दो, जी जुड़ने दो।
मान-मानसर का शतदल यह,
लहर लहर कर लहरै।
भारत का झण्डा फहरै॥
रक्तपात पर अड़ा नहीं यह,
दया-दण्ड में जड़ा हुआ।
खड़ा नहीं पशु-बल के ऊपर,
आत्म-शक्ति से बड़ा हुआ।
इसको छोड़ कहाँ वह सच्ची,
विजय-वीरता ठहरै।
भारत का झण्डा फहरै॥
इसके नीचे अखिल जगत का,
होता है अद्‌भुत आह्वान!

कब है स्वार्थ मूल में इसके?
है बस, त्याग और बलिदान ॥
ईर्षा, द्वेष, दम्भ, हिंसा का,
हृदय हार कर हहरै।
भारत का झण्डा फहरै ॥

पूज्य पुनीत मातृ-मन्दिर का,
झण्डा क्या झुक सकता है?
क्या मिथ्या भय देख सामने,
सत्याग्रह रुक सकता है?
घहरै दिग-दिगन्त में अपनी
विजय दुन्दभी घहरै।
भारत का झण्डा फहरै ॥

भारत-भारती के स्वर

संसार में किसका समय है एक-सा रहता सदा,
है निशि-दिवा-सी घूमती सर्वत्र विपदा-सम्पदा।
जो आज एक अनाथ है, नरनाथ कल होता वही;
जो आज उत्सव-मग्न है, कल शोक से रोता वही ॥1॥

चर्चा हमारी भी कभी संसार में सर्वत्र थी,
वह सद्गुणों की कीर्ति मानो एक और कलत्र थी।
इस दुर्दशा का स्वप्न में भी क्या हमें कुछ ध्यान था?
क्या इस पतन ही को हमारा वह अतुल उत्थान था? ॥2॥

उन्नत रहा होगा कभी जो हो रहा अवनत अभी,
जो हो रहा उन्नत अभी, अवनत रहा होगा कभी।
हँसते प्रथम जो पद्म हैं तम-पंक में फँसते वही,
मुरझे पड़े रहते कुमुद जो अन्त में हँसते वही ॥3॥

उन्नति तथा अवनति प्रकृति का नियम एक अखण्ड है,
चढ़ता प्रथम जो व्योम में गिरता वही मार्तण्ड है।
अतएव अवनति ही हमारी कह रही उन्नति कला,
उत्थान ही जिसका नहीं उसका पतन ही क्या भला? ॥4॥

होता समुन्नति के अनन्तर सोच अवनति का नहीं,
हाँ सोच तो है जो किसी की फिर न हो उन्नति कहीं।
चिन्ता नहीं जो व्योम-विस्तृत चन्द्रिका का ह्रास हो,
चिन्ता तभी है जब न उसका फिर नवीन विकास हो ॥5॥

है ठीक ऐसी ही दशा हतभाग्य भारतवर्ष की,
कब से इतिश्री हो चुकी इसके अखिल उत्कर्ष की।
पर सोच है केवल यही वह नित्य गिरता ही गया,
जब से फिरा है दैव इससे नित्य फिरता ही गया ॥6॥

यह नियम है, उद्यान में पककर गिरे पत्ते जहाँ,
प्रकटित हुए पीछे उन्हीं के लहलहे पल्लव वहाँ।
पर हाय! इस उद्यान का कुछ दूसरा ही हाल है,
पतझड़ कहें या सूखना, कायापलट या काल है? ॥7॥

अनुकूल शोभा-मूल सुरभित फूल वे कुम्हला गये,
फलते कहाँ हैं अब यहाँ वे फल रसाल नये-नये?
बस, इस विशालोद्यान में अब झाड़ हैं झंखाड़ हैं,
तनु सूखकर काँटा हुआ, बस शेष हैं तो हाड़ हैं ॥8॥

दृढ़ दुःख दावानल इसे सब ओर घेर जला रहा,
तिस पर अवृष्टाकाश उलटा विपद-वज्र चला रहा।
यद्यपि बुझा सकता हमारा नेत्र-जल इस आग को,
पर धिक्! हमारे स्वार्थमय सूखे हुए अनुराग को ॥9॥

सहृदय जनों के चित्त निर्मल कुड़क जाकर काँच से—
होते दया के वश द्रवित हैं तप्त हो इस आँच से।
चिन्ता कभी भावी दशा की वर्त्तमान व्यथा कभी,
करती तथा चंचल उन्हें है भूतकाल-कथा कभी ॥10॥

जो इस विषय पर आज कुछ कहने चले हैं हम यहाँ,
क्या कुछ सजग होंगे सखे? उसको सुनेंगे जो जहाँ?
कवि के कठिनतर कर्म की करते नहीं हम धृष्टता,
पर क्या न विषयोत्कृष्टता करती विचारोत्कृष्टता? ॥11॥

हम कौन थे, क्या हो गये हैं और क्या होंगे अभी,
आओ विचारें आज मिलकर ये समस्याएँ सभी।
यद्यपि हमें इतिहास अपना प्राप्त पूरा है नहीं,
हम कौन थे, इस ज्ञान को, फिर भी अधूरा है नहीं ॥12॥

भू-लोक का गौरव, प्रकृति का पुण्य लीला-स्थल कहाँ?
फैला मनोहर गिरि हिमालय और गंगाजल जहाँ।
सम्पूर्ण देशों से अधिक किस देश का उत्कर्ष है?
उसका कि जो ऋषिभूमि है, वह कौन? भारतवर्ष है ॥13॥

हाँ, वृद्ध भारतवर्ष ही संसार का सिरमौर है,
ऐसा पुरातन देश कोई विश्व में क्या और है?
भगवान की भव-भूतियों का यह प्रथम भाण्डार है?
विधि ने किया नर सृष्टि का पहले यहीं विस्तार है ॥14॥

यह पुण्यभूमि प्रसिद्ध है इसके निवासी 'आर्य्य' हैं,
विद्या, कला-कौशल्य सबके जो प्रथम आचार्य्य हैं।
सन्तान उनकी आज यद्यपि हम अधोगति में पड़े,
पर चिह्न उनकी उच्चता के आज भी कुछ हैं खड़े ॥15॥

उन पूर्वजों की कीर्ति का वर्णन अतीत अपार है,
गाते नहीं उनके हमीं गुण गा रहा संसार है।
वे धर्म पर करते निछावर तृण-समान शरीर थे,
उनसे वही गम्भीर थे, वरवीर थे, ध्रुव धीर थे ॥16॥

वे मोह-बन्धन मुक्त थे, स्वच्छन्द थे, स्वाधीन थे;
सम्पूर्णसुख - संयुक्त थे, वे शान्ति - शिखरासीन थे।
मन से, वचन से, कर्म्म से वे प्रभु-भजन में लीन थे,
विख्यात ब्रह्मानन्द नद के वे मनोहर मीन थे ॥17॥

हमको विदित थे तत्त्व सारे नाश और विकास के,
कोई रहस्य छिपे न थे पृथ्वी तथा आकाश के।
थे जो हजारों वर्ष पहले जिस तरह हमने कहे,
विज्ञान-वेत्ता अब वही सिद्धान्त निश्चित कर रहे ॥18॥

हम बाह्य उन्नति पर कभी मरते न थे संसार में,
बस मग्न थे अन्तर्जगत के अमृत-पारावार में।
जड़ से हमें क्या, जब कि हम थे नित्य चेतन से मिले,
हैं दीप उनके निकट क्या जो पद्म दिनकर से खिले? ॥19॥

यह ठीक है, पश्चिम बहुत ही कर रहा उत्कर्ष है,
पर पूर्व-गुरु उसका यही पुरु वृद्ध भारतवर्ष है।
जाकर विवेकानन्द-सम कुछ साधु जन इस देश से–
करते उसे कृत्कृत्य हैं अब भी अतुल उपदेश से ॥20॥

वे जातियाँ जो आज उन्नति मार्ग में हैं बढ़ रहीं,
सांसारिकी स्वाधीनता की सीढ़ियों पर चढ़ रहीं।
यह तो कहें, यह शक्ति उनको प्राप्त कब, कैसे हुई?
यह भी कहें वे, दार्शनिक चर्चा वहाँ ऐसे हुई ॥21॥

यूनान ही कह दे कि वह ज्ञानी-गुणी कब था हुआ?
कहना न होगा, हिन्दुओं का शिष्य वह जब था हुआ।
हमसे आलौकिक ज्ञान का आलोक यदि पाता नहीं,
तो वह अरब यूरोप का शिक्षक कहा जाता नहीं ॥22॥

संसार भर में आज जिसका छा रहा आतंक है,
नीचा दिखाकर रूस को भी जो हुआ निःशंक है,
जयपाणि जो वर्द्धक हुआ है एशिया के हर्ष का,
है शिष्य वह जापान भी इस वृद्ध भारतवर्ष का ॥23॥

यूरोप भी जो बन रहा है आज कल मार्मिकमना,
यह तो कहे उसके खुदा का पुत्र कब धार्मिक बना?
था हिन्दुओं का शिष्य ईसा, यह पता भी है चला,
ईसाइयों का धर्म भी है बौद्ध साँचे में ढला ॥24॥

अन्तिम प्रभा का है हमारा विक्रमी संवत् यहाँ,
है किन्तु औरों का उदय इतना पुराना भी कहाँ?
ईसा मुहम्मद आदि का जग में न था तब भी पता,
कब की हमारी सभ्यता है, कौन सकता है बंता ॥25॥

वृत्तान्त पहले व्योम का प्रकटित हमीं ने था किया,
वह क्रान्तिमण्डल था हमीं से अन्य देशों ने लिया।
थे आर्य्यभट, आचार्य भास्कर-तुल्य ज्योतिर्विद यहाँ,
अब भी हमारे 'मान मन्दिर' वर्णनीय नहीं कहाँ? ॥26॥

उस वैद्यविद्या के विषय में अधिक कहना व्यर्थ है,
सुश्रुत, चरक रहते हुए सन्देह रहना व्यर्थ है।
अनुवादकर्त्ता आज भी उपहार उनके पा रहे,
हैं आर्य्य-आयुर्वेद के सब देश सद्गुण गा रहे ॥27॥

यद्यपि हताहत गात में कुछ साँस अब भी आ रही,
पर सोच पूर्वापर दशा मुँह से निकलता है यही—
जिसकी अलौकिक कीर्ति से उज्ज्वल हुई सारी मही,
था जो जगत का मुकुट, है क्या हाय! यह भारत वही? ॥28॥

भारत, कहो तो आज तुम क्या हो वही भारत अहो!
हे पुण्यभूमि! कहाँ गयी है वह तुम्हारी श्री कहो?
अब कमल क्या, जल तक नहीं, सर मध्य केवल पंक है;
वह राज-राज कुबेर अब हा! रंक का भी रंक है ॥29॥

रहता प्रयोजन से प्रचुर पूरित जहाँ धन-धान्य था,
जो 'स्वर्ण-भारत' नाम से संसार में सम्मान्य था;
दारिद्र्य दुर्धर अब वहाँ करता निरन्तर नृत्य है;
आजीविका-अवलम्ब बहुधा भृत्य का ही कृत्य है ॥30॥

देखो जिधर अब बस उधर ही है उदासी छा रही,
काली निराशा की निशा सब ओर से है आ रही।
चिन्ता तरंगें चित्त को बेचैन रखती हैं सदा,
अब नित्य ही आती यहाँ पर एक नूतन आपदा ॥31॥

"हिन्दू तथा तुम सब चढ़े हो एक नौका पर यहाँ,
जो एक का होगा अहित तो दूसरे का हित कहाँ।
सप्रेम हिलमिल कर चलो, यात्रा सुखद होगी तभी;
पीछे हुआ सो हो गया, अब सामने देखो सभी" ॥32॥

इस रत्नगर्भा भूमि पर हा दैव! ऐसी दीनता,
है शोच्य कृषि से कम नहीं व्यापार की भी हीनता।
जिस देश के वाणिज्य की सर्वत्र धूम मची रही—
क्या पर-मुखापेक्षी नहीं है आज पद पद पर वही? ॥33॥

इतिहास में इस देश की वाणिज्य-वृद्धि प्रसिद्ध है,
अन्यान्य देशों से वहाँ सम्बन्ध इसका सिद्ध है।
बनकर यहाँ वर वस्तुएँ सर्वत्र ही जाती रहीं,
नर-रचित कहलाती न थीं सुर-रचित कहलाती रहीं ॥34॥

ढाके, चँदेरी आदि की कारीगरी अब है कहाँ?
हा! आज हिन्दू-नारियों की कुशलता सब है कहाँ?
थी वह कला या क्या, कि ऐसी सूक्ष्म थी, अनमोल थी,
सौ हाथ लम्बे सूत की बस आध रत्ती तोल थी ॥35॥

रक्खा नली में बाँस की जो थान कपड़े का नया,
आश्चर्य! अम्बारी सहित हाथी उसी से ढँक गया।
वे वस्त्र कितने सूक्ष्म थे, कर लो कई जिनकी तहें–
शहजादियों के अंक फिर भी झलकते जिनमें रहे! ॥36॥

विद्या बिना अब देख लो, हम दुर्गुणों के दास हैं;
हैं तो मनुज, हम किन्तु रहते दनुजता के पास हैं।
दायें तथा बायें सदा सहचर हमारे चार हैं–
अविचार, अन्धाचार, हैं व्यभिचार, अत्याचार हैं ॥37॥

अब नौकरी ही के लिए विद्या पढ़ी जाती यहाँ,
बी.ए. न हों हम तो भला डिप्टीगिरी रक्खी कहाँ।
किस स्वर्ग का सोपान है तू हाय री, डिप्टीगिरी!
सीमा समुन्नति की हमारी चित्त में तू ही भरी ॥38॥

वह साम्प्रतिक शिक्षा हमारे सर्वथा प्रतिकूल है,
हममें, हमारे देश के प्रति, द्वेष-मति की मूल है।
हममें विदेशी भाव भर के वह भुलाती है हमें,
सब स्वास्थ्य का संहार करके वह रुलाती है हमें ॥39॥

निज पूर्वजों का वह अलौकिक सत्य, शील निहार लो,
फिर ध्यान से अपनी दशा भी एक बार विचार लो।
जो आज अपने आपको यों भूल हम जाते नहीं,
तो यों कभी सन्ताप-मूलक शूल हम पाते नहीं ॥40॥

किस भाँति जीना चाहिए, किस भाँति मरना चाहिए;
सो सब हमें निज पूर्वजों से याद करना चाहिए।
पद-चिह्न उनके यत्न-पूर्वक खोज लेना चाहिए,
निज पूर्व-गौरव-दीप को बुझने न देना चाहिए ॥41॥

हम हिन्दुओं के सामने आदर्श जैसे प्राप्त हैं—
संसार में किस जाति को, किस ठौर वैसे प्राप्त हैं?
भव-सिन्धु में निज पूर्वजों की रीति से ही हम तरें,
यदि हो सकें वैसे न हम तो अनुकरण तो भी करें ॥42॥

हे भाइयो! सोये बहुत, अब तो उठो, जागो अहो!
देखो जरा अपनी दशा, आलस्य को त्यागो अहो!
कुछ पार है क्या क्या समय के उलट-फेर न हो चुके!
अब भी सजग होंगे न क्या? सर्वस्व तो ही खो चुके ॥43॥

संसार की समरस्थली में धीरता धारण करो,
चलते हुए निज इष्ट पथ में संकटों से मत डरो।
जीते हुए भी मृतक-सम रहकर न केवल दिन भरो,
वर वीर बनकर आप अपनी विघ्न-बाधाएँ हरो ॥44॥

बैठे हुए हो व्यर्थ क्यों? आगे बढ़ो, ऊँचे चढ़ो;
है भाग्य की क्या भावना? अब पाठ पौरुष का पढ़ो।
है सामने का ग्रास भी मुख में स्वयं जाता नहीं,
हा! ध्यान उद्यम का तुम्हें तो भी कभी आता नहीं ॥45॥

हमको समय को देखकर ही नित्य चलना चाहिए,
बदले हवा जब जिस तरह हमको बदलना चाहिए।
विपरीत विश्व-प्रवाह के निज नाव जा सकती नहीं,
अब पूर्व की बातें सभी प्रस्ताव पा सकती नहीं ॥46॥

व्यवसाय अपने व्यर्थ हैं अब नव्य यन्त्रों के बिना,
परतन्त्र हैं हम सब कहीं अब भव्य यन्त्रों के बिना।
कल के हलों के सामने अब पूर्व का हल व्यर्थ है,
उस वाष्प-विद्युत वेग-सम्मुख देह का बल व्यर्थ है ॥47॥

है बदलता रहता समय, उसकी सभी घातें नई,
कल काम में आती नहीं हैं आज की बातें कई।
है सिद्धि-मूल यही कि जब जैसा प्रकृति का रंग हो—
तब ठीक वैसा ही हमारी कार्य्य-कृति का ढंग हो ॥48॥

प्राचीन हों कि नवीन छोड़ो रूढ़ियाँ जो हों बुरी,
बनकर विवेकी तुम दिखाओ हंस जैसी चातुरी।
प्राचीन बातें ही भली हैं यह विचार अलीक है;
जैसी अवस्था हो जहाँ वैसी व्यवस्था ठीक है ॥49॥

सर्वत्र एक अपूर्व युग का हो रहा संचार है,
देखो, दिनोंदिन बढ़ रहा विज्ञान का विस्तार है।
अब तो उठो, क्या पड़ रहे हो व्यर्थ सोच-विचार में;
सुख दूर, जीना भी कठिन है श्रम बिना संसार में ॥50॥

पृथ्वी, पवन, नभ, जल, अनल सब लग रहे हैं काम में,
फिर क्यों तुम्हीं खोते समय हो व्यर्थ के विश्राम में?
बीते हजारों वर्ष तुमको नींद में सोते हुए,
बैठे रहोगे और कब तक भाग्य को रोते हुए ॥51॥

इस नींद में क्या क्या हुआ, यह भी तुम्हें कुछ ज्ञात है?
कितनी यहाँ लूटें हुईं, कितना हुआ अपघात है।
होकर न टस से मस रहे तुम एक ही करवट लिए,
निज दुर्दशा के दृश्य सारे स्वप्न-सम देखा किये ॥52॥

इस नींद में ही तो यवन आकर यहाँ आदृत हुए,
जागे न हा! स्वातन्त्र्य खोकर अन्त में तुम धृत हुए।
इस नींद में ही सब तुम्हारे पूर्व गौरव हृत हुए,
अब और कब तक इस तरह सोते रहोगे मृत हुए? ॥53॥

सोचो विचारो, तुम कहाँ हो, समय की गति है कहाँ,
वे दिन तुम्हारे आप ही क्या लौट आवेंगे यहाँ?
ज्यों ज्यों करेंगे देर हम वे और बढ़ते जायँगे,
यदि बढ़ गये वे और तो फिर हम न उनको पायँगे ॥54॥

भूलो न ऋषि-सन्तान हो अब भी तुम्हें यदि ध्यान हो—
तो विश्व को फिर भी तुम्हारी शक्ति का कुछ ज्ञान हो।
बनकर अहो! फिर कर्म्मयोगी वीर बड़भागी बनो,
परमार्थ के पीछे जगत में स्वार्थ के त्यागी बनो ॥55॥

होकर निराश कभी न बैठो, नित्य उद्योगी रहो;
सब देश-हितकारी कार्य्य में अन्योन्य सहयोगी रहो।
धर्म्मार्थ के भोगी रहो बस कर्म के योगी रहो,
रोगी रहो तो प्रेम-रूपी रोग के रोगी रहो! ॥56॥

पुरुषत्व दिखलाओ पुरुष हो, बुद्धि-बल से काम लो,
तब तक न थककर तुम कभी अवकाश या विश्राम लो—
जब तक कि भारत पूर्व के पद पर न पुनरासीन हो,
फिर ज्ञान में विज्ञान में जब तक न वह स्वाधीन हो ॥57॥

जग को दिखा दो यह कि अब भी हम सजीव सशक्त हैं,
रखते अभी तक नाड़ियों में पूर्वजों का रक्त है।
ऐसा नहीं कि मनुष्यरूपी और कोई जन्तु है,
अब भी हमारे मस्तकों में ज्ञान के कुछ तन्तु हैं ॥58॥

ऐसा करो जिसमें तुम्हारे देश का उद्धार हो,
जर्जर तुम्हारी जाति का बेड़ा विपद से पार हो।
ऐसा न हो जो अन्त में चर्चा करें ऐसी सभी–
थी एक हिन्दू नाम की भी निन्द्य जाति यहाँ कभी ॥59॥

लाखों हमारे दीन दुःखी बन्धु भूखों मर रहे,
पर हम व्यसन में डूबकर कितना अपव्यय कर रहे।
क्या देश वत्सलता यही है? क्या यही सत्कार्य्य है?
क्या लक्ष्य जीवन का यही है? क्या यही औदार्य्य है? ॥60॥

सबसे हमारे धर्म्म का ऊँचा यही तो लक्ष्य है,
होती असीम अनेकता में एकता प्रत्यक्ष है।
मति की चरमता या परमता है वही अब भिन्नता,
बस छा रही सर्वत्र प्रभु की एक निरवच्छिन्नता ॥61॥

आओ बनें शुभ साधना के साज से साधक सभी,
निज धर्म्म की रक्षा करें, जीवन सफल होगा तभी।
संसार अब देखे कि हम आज हैं पिछड़े पड़े–
तो कल बराबर और परसों विश्व के आगे खड़े ॥62॥

हे नवयुवाओ! देश भर की दृष्टि तुम पर ही लगी,
है मनुज जीवन की तुम्हीं में ज्योति सबसे जगमगी।
दोगे न तुम तो कौन देगा योग देशोद्धार में?
देखो, कहाँ क्या हो रहा है आजकल संसार में? ॥63॥

जब तक अविद्या का अँधेरा हम मिटावेंगे नहीं,
जब तक समुज्ज्वल ज्ञान का आलोक पावेंगे नहीं,
तब तक भटकना व्यर्थ है सुख-सिद्धि के सन्धान में,
पाये बिना पथ पहुँच सकता कौन इष्ट स्थान में ॥64॥

वे देश जो हैं आज उन्नत और सब संसार से—
चौंका रहे हैं नित्य सबको नव नवाविष्कार से।
बस ज्ञान के संचार से ही बढ़ सके हैं वे वहाँ,
विज्ञान बल से ही गगन में चढ़ सके हैं वे वहाँ ॥65॥

है राष्ट्रभाषा भी अभी तक देश में कोई नहीं,
हम निज विचार जना सकें जिससे परस्पर सब कहीं।
इस योग्य हिन्दी है तदपि अब तक न निज पद पा सकी,
भाषा बिना भावैकता अब तक न हममें आ सकी ॥66॥

विद्या हमारी भी न तब तक काम में कुछ आयगी,
अर्द्धांगियों को भी सु-शिक्षा दी न जब तक जायगी।
सर्वांग के बदले हुई यदि व्याधि पक्षाघात की—
तो भी न क्या दुर्बल तथा व्याकुल रहेगा वातकी? ॥67॥

सबकी नसों में पूर्वजों का पुण्य रक्त-प्रवाह हो,
गुण, शील, साहस, बल तथा सबमें भरा उत्साह हो।
सबके हृद में सर्वदा समवेदना की दाह हो,
हमको तुम्हारी चाह हो, तुमको हमारी चाह हो ॥68॥

विद्या, कला, कौशल में सबका अटल अनुराग हो,
उद्योग का उन्माद हो, आलस्य-अघ का त्याग हो।
सुख और दुख में एक-सा सब भाइयों का भाग हो,
अन्तःकरण में गूँजता राष्ट्रीयता का राग हो ॥69॥

□□